リーガルマインド
商法総則・商行為法

第3版

弥永真生
Yanaga Masao

有斐閣

第 3 版 はしがき

　いわゆる債権法改正（民法の一部を改正する法律（平成29年法律第44号）。2020年4月1日施行）及び運送法改正（商法及び国際海上物品運送法の一部を改正する法律（平成30年法律第29号）。2019年4月1日施行）により，商事利率及び商事消滅時効の廃止，陸上運送に関する規定の改正（貨物引換証の廃止を含む），有価証券に関する規定の削除をはじめとする大きな影響を商行為法は受けました（とはいうものの，債権法改正により，商行為法の規定がほとんどなくなってしまい，また，かりに，運送法の改正に伴って運送法が単行法となってしまえば，商法典はほとんど空になってしまうのではないかなどと思ったこともあったのですが，そうはなりませんでした）。また，第2版を刊行した後，とりわけ，最近になってから，いくつかの重要な裁判例も現れました。

　そこで，これらの改正をふまえて，加筆修正を加えたのが本第3版です。なお，有価証券に関する規定は民法に設けられましたが，読んでくださる方の便宜のため，補論として，有価証券についても本書では取り上げております。本書が，読んでくださる方の理解に資することができればさいわいです。

　なお，本第3版の刊行にあたって，ご尽力いただいた井植孝之さんをはじめとする有斐閣の方々に感謝を申し上げたいと思います。

　2019年2月11日

弥　永　真　生

初版 はしがき

　この本は，商法総則・商行為法（保険法・海商法を除く）を概観しようとするものです。商法総則・商行為法については，古典的なものから，新しいものまで，多くのすぐれたテキストや体系書がすでに存在しますが，拙著『リーガルマインド会社法』および『リーガルマインド手形法・小切手法』に対して寄せていただいた読者カードで商法総則・商行為法についても同様のアプローチで書いてはどうかというお勧めをいただいたこと，平成9年度に，筑波大学経営・政策科学研究科企業法学専攻で「現代商法の基礎」という科目を担当させていただいたことをきっかけとして，法学入門程度の予備知識のある独学者を想定して本書を執筆いたしました。

　この本の特徴としては，第1に，前著と同様，ていねいな理由づけをこころがけました。第2に，いくつかの［**ケース**］を設定し，商法総則・商行為法の議論を具体化することに努めました。第3に，図表を用いて，概念相互間の関係，ある制度の位置付けを明らかにするよう試みました。第4に，紙幅の都合で前著の記述にゆずったものも若干ありますが，会社法あるいは手形法・小切手法の規定・議論との比較をできる限り示しました。

　この本をまとめることができたのは，前著と同様多くの方々のおかげです。学生時代からご指導を賜った竹内昭夫先生をはじめ，直接に研究会の席上で，またご著書を通して，お教えいただいた多くの先生方のおかげです。

　この本の性格上，参考文献の指摘は最小限に止めていますが，比較的最近出版・改訂されたテキストの中では，比較的高度なものとして，鴻常夫・商法総則（弘文堂）（必読書といわれてきており，随時改訂もなされている），江頭憲治郎・商取引法（弘文堂）（アップ・ツー・デートな商行為法の本として学問的にも実務的にもきわめて重要な文献），森本滋編・商法総則講義（成文堂）（コンパクトであるが，商法総則のテキストとしては最もアップ・ツー・デート）が重要でしょう。また，入門的・簡潔なものとしては，上柳克郎ほか・商法総則・商行為法（双書）（有斐閣），落合誠一ほか・商法Ｉ（Ｓシリーズ）（有斐閣），岸田雅雄・ゼミナール企業取引法入門（日本経済新聞社）などがよいと思われます。時間の余裕があれば，さらに古典的あるいは重厚な体系書を一読されることをお勧めします。

　なお，第6章［商業帳簿］に関連するさらに詳細な議論は，拙著『企業会計と

初版 はしがき

法』(新世社)をご覧いただければさいわいです。

　最後になりますが，今回も草稿の一部の入力の便宜を図ってくださったあすか協和法律事務所の明石一秀弁護士および秘書の方々，草稿に対するコメントをくださった中村隆史さん，そして，本書の出版に尽力くださった山宮康弘さんをはじめとする有斐閣の方々に感謝を申し上げたいと思います。

　　平成10年7月10日

　　　　　　　　　　　　　　　　　　　　　　　　　　弥　永　真　生

目　次

第1章　商法の意義・適用範囲と商法総則・会社法総則・商行為法の視点 ——————————————————————— 1

- *1-1*　商法の意義 ·· 1
- *1-2*　実質的意義の商法の適用の順序・範囲 ······························ 1
- *1-3*　商法総則・会社法総則の視点 ·· 3
- *1-4*　商行為法の視点 ··· 5

第2章　商法総則・商行為法の適用範囲 ————————————— 9

- *2-1*　商行為 ··· 11
  - *2-1-1*　絶対的商行為 ··· 11
  - *2-1-2*　営業的商行為 ··· 13
  - *2-1-3*　附属的商行為 ··· 16
- *2-2*　商　人 ··· 17
  - *2-2-1*　固有の商人 ··· 17
  - *2-2-2*　擬制商人 ··· 18
    - *2-2-2-1*　店舗販売業者（18）
    - *2-2-2-2*　鉱業を営む者（19）
- *2-3*　商人資格の取得と喪失 ·· 19
  - *2-3-1*　商人資格の取得 ··· 19
    - *2-3-1-1*　自然人の場合（19）
    - *2-3-1-2*　法人の場合（21）
  - *2-3-2*　商人資格の喪失 ··· 22

第3章　商業登記 ———————————————————————— 23

- *3-1*　商業登記の意義 ··· 23

目次

- 3-2 登記すべき事項 …………………………………………… 23
- 3-3 登記手続 ……………………………………………………… 24
  - 3-3-1 登記の申請・管轄 ……………………………………… 24
  - 3-3-2 登記官の審査権 ………………………………………… 24
- 3-4 登記の公示 …………………………………………………… 25
- 3-5 商業登記の効力 ……………………………………………… 25
  - 3-5-1 商業登記の一般的効力 ………………………………… 26
  - 3-5-2 商業登記の特殊的効力 ………………………………… 28
    - *3-5-2-1* 創設的効力（28）
    - *3-5-2-2* その他の効力（29）
  - 3-5-3 不実登記の効果 ………………………………………… 29
    - *3-5-3-1* 9条1項または会社法908条1項との関係（30）
    - *3-5-3-2* 9条2項・会社法908条2項の適用要件（30）

第4章 商　号 ─────────────────── 33

- 4-1 商号の意義 …………………………………………………… 33
- 4-2 商号選定自由の原則とその例外 …………………………… 33
  - 4-2-1 商号選定自由の原則 …………………………………… 33
  - 4-2-2 商号選定自由の原則の例外 …………………………… 34
- 4-3 商号権の保護 ………………………………………………… 35
  - 4-3-1 商号権の法的性格 ……………………………………… 35
  - 4-3-2 誤認させるおそれのある商号・名称の使用の禁止 … 37
  - 4-3-3 不正競争防止法による保護 …………………………… 38
- 4-4 商号の登記 …………………………………………………… 39
  - 4-4-1 商号登記の自由と商号登記義務 ……………………… 39
  - 4-4-2 同一商号・同一住所の登記排除 ……………………… 39
- 4-5 商号の譲渡 …………………………………………………… 39
  - 4-5-1 商号の譲渡性とその制限 ……………………………… 39
  - 4-5-2 商号の譲渡手続 ………………………………………… 40
- 4-6 商号の廃止および変更 ……………………………………… 40

4-7　名板貸 ……………………………………………… 41
　　　4-7-1　14条・会社法9条適用の要件 …………… 41
　　　4-7-2　名板貸主の責任の範囲 ……………………… 44

第5章　営業譲渡・事業の譲渡 ——————— 47
　　5-1　営業譲渡・事業の譲渡の意義 …………………… 47
　　　5-1-1　客観的意義における営業・事業 …………… 47
　　　5-1-2　営業譲渡・事業の譲渡 ……………………… 48
　　5-2　営業譲渡人・事業の譲渡会社の競業避止義務 … 51
　　　5-2-1　義務の性質と内容 …………………………… 51
　　　5-2-2　競業避止義務違反の効果 …………………… 52
　　　5-2-3　他の者の負担する競業避止義務との比較 … 52
　　5-3　営業譲渡・事業の譲渡と第三者 ………………… 55
　　　5-3-1　営業譲渡人・事業の譲渡会社の債権者の保護 … 56
　　　5-3-2　営業譲渡人・事業の譲渡会社の債務者の保護 … 60

第6章　商業帳簿 ——————————————— 61
　　6-1　なぜ商法は商人の会計を規制するのか ………… 61
　　6-2　商業帳簿の意義 …………………………………… 61
　　　6-2-1　会計帳簿 ……………………………………… 62
　　　6-2-2　貸借対照表 …………………………………… 62
　　6-3　資産の評価基準とのれん ………………………… 63
　　6-4　一般に公正妥当と認められる会計の慣行 ……… 64
　　6-5　商業帳簿の保存，提出 …………………………… 65
　　　6-5-1　商業帳簿の保存 ……………………………… 65
　　　6-5-2　商業帳簿の提出義務 ………………………… 65

第7章　商業使用人と代理商 ————————— 67
　　7-1　商業使用人の意義 ………………………………… 67

目　次

7-2　支配人 …………………………………………… 68
　7-2-1　支配人の意義 ……………………………… 68
　7-2-2　支配人の代理権 …………………………… 70
　7-2-3　支配人の権限と権利 ……………………… 73
　7-2-4　支配人の義務 ……………………………… 73
　　7-2-4-1　雇用契約に基づく義務（73）
　　7-2-4-2　精力分散防止および競業避止義務（73）
　7-2-5　支配人と株式会社の代表取締役（代表執行役）との比較 … 74
　7-2-6　表見支配人 ………………………………… 76
　　7-2-6-1　表見支配人の意義（76）
　　7-2-6-2　表見支配人とされることによる効果（78）
7-3　その他の商業使用人の代理権 ………………… 79
　7-3-1　ある種類または特定の事項の委任を受けた使用人 …… 79
　7-3-2　物品販売等を目的とする店舗の使用人 … 80
7-4　代理商 …………………………………………… 81
　7-4-1　代理商の意義 ……………………………… 81
　7-4-2　代理商の義務 ……………………………… 82
　7-4-3　代理商の権限 ……………………………… 83
　7-4-4　代理商の留置権 …………………………… 83
　7-4-5　代理商関係の終了 ………………………… 84

第8章　商行為・商人の行為に関する規定 — 85

8-1　商行為の代理と委任 …………………………… 86
8-2　商行為に適用される規定 ……………………… 90
　8-2-1　債務の履行場所 …………………………… 90
8-3　企業金融の円滑化 ……………………………… 91
　8-3-1　多数債務者間の連帯 ……………………… 91
　8-3-2　保証人の連帯 ……………………………… 92
　8-3-3　流質契約の許容 …………………………… 92
　8-3-4　商人間の留置権 …………………………… 93

- 8-4 当事者の一方が商人である場合の規定 …………………… 99
  - 8-4-1 諾否の通知義務 …………………… 99
  - 8-4-2 送付品保管義務 …………………… 99
  - 8-4-3 報酬請求権 …………………… 100
  - 8-4-4 立替金の利息請求権 …………………… 100
  - 8-4-5 受寄者の注意義務 …………………… 101
- 8-5 当事者の双方が商人である場合の規定 …………………… 101
  - 8-5-1 隔地者間における契約の申込み …………………… 101
  - 8-5-2 消費貸借の利息請求権 …………………… 102

第9章 商事売買 — 103
- 9-1 売主の供託および競売権 …………………… 103
- 9-2 定期売買 …………………… 104
- 9-3 買主の検査・通知義務 …………………… 105
- 9-4 買主の保管・供託義務 …………………… 106

第10章 仲立と取次ぎ — 109
- 10-1 （商法上の）仲立人 …………………… 109
  - 10-1-1 仲立人の意義 …………………… 109
  - 10-1-2 仲立人の義務 …………………… 110
  - 10-1-3 仲立人の報酬請求権 …………………… 111
  - 10-1-4 仲立人の給付受領権限 …………………… 112
- 10-2 問屋 …………………… 112
  - 10-2-1 問屋の意義 …………………… 112
  - 10-2-2 問屋と委託者との関係 …………………… 113
  - 10-2-3 問屋と第三者との関係 …………………… 114
  - 10-2-4 委託者と第三者との関係 …………………… 114
  - 10-2-5 問屋の一般債権者と委託者の関係 …………………… 114

目　次

  10-2-6　問屋の義務 …………………………………… 116
  10-2-7　問屋の権利 …………………………………… 117
 10-3　準問屋 ……………………………………………… 118
 10-4　運送取扱人 ………………………………………… 119
  10-4-1　運送取扱人の意義 …………………………… 119
  10-4-2　運送取扱人の権利・義務 …………………… 120
  10-4-3　運送取扱人と荷受人との関係 ……………… 122
  10-4-4　相次運送取扱い ……………………………… 122

第11章　運送営業と倉庫営業─────────── 125
 11-1　物品運送 …………………………………………… 125
  11-1-1　荷送人（運送の委託者）と運送人との関係 … 125
  11-1-2　荷受人と運送人の関係 ……………………… 135
  11-1-3　船荷証券 ……………………………………… 136
  11-1-4　運送人の被用者の不行為責任 ……………… 141
  11-1-5　複合運送人の責任 …………………………… 141
  11-1-6　相次運送 ……………………………………… 142
 11-2　旅客運送 …………………………………………… 143
  11-2-1　旅客の損害に関する責任 …………………… 144
  11-2-2　託送手荷物に関する責任 …………………… 144
  11-2-3　携帯手荷物に関する責任 …………………… 145
  11-2-4　運送人の債権の消滅時効 …………………… 145
 11-3　倉庫営業者 ………………………………………… 145
  11-3-1　倉庫営業者の意義 …………………………… 145
  11-3-2　倉庫寄託契約 ………………………………… 146
  11-3-3　倉庫営業者の義務 …………………………… 146
  11-3-4　倉庫営業者の権利 …………………………… 148
  11-3-5　倉荷証券 ……………………………………… 149
 11-4　物品運送人，旅客運送人，倉庫営業者および場屋営業者

ix

　　　　の責任の比較 ……………………………………………… 152

第12章　場屋営業者の責任 ―――――――――――― 153
　12-1　場屋営業者の責任と場屋営業の意義 ………………… 153
　12-2　「客」の意義 ……………………………………………… 154
　12-3　寄託を受けた物品に関する責任 ……………………… 155
　12-4　寄託を受けない物品に関する責任 …………………… 157
　12-5　高価品の特則 …………………………………………… 158
　12-6　引換札などを用いた場合 ……………………………… 159
　12-7　596条の責任と不法行為責任 ………………………… 160
　12-8　場屋営業者の責任の短期消滅時効 …………………… 160

第13章　匿名組合 ――――――――――――――――― 161
　13-1　匿名組合契約の意義 …………………………………… 161
　13-2　匿名組合員の責任・義務 ……………………………… 161
　　13-2-1　対営業者 …………………………………………… 161
　　13-2-2　対第三者（営業者の債権者） …………………… 162
　13-3　匿名組合員の権利 ……………………………………… 163
　13-4　営業者の義務 …………………………………………… 164
　13-5　匿名組合契約の終了 …………………………………… 165
　13-6　匿名組合員と合資会社の有限責任社員との比較 …… 165

第14章　交互計算 ――――――――――――――――― 167
　14-1　交互計算の意義 ………………………………………… 167
　14-2　交互計算の対象となる債権・債務 …………………… 167
　14-3　交互計算の効力 ………………………………………… 168
　14-4　交互計算の終了 ………………………………………… 170

目　次

補　論　有価証券 ─────────────────── 171
- *1* 有価証券の意義……………………………………… 171
- *2* 有価証券の分類……………………………………… 172
  - *2-1* 権利者の指定方法による分類 ………………… 172
  - *2-2* 証券の属性に基づく分類 ……………………… 173
- *3* 有価証券の善意取得………………………………… 174
- *4* 有価証券の権利行使………………………………… 175
- *5* 有価証券の喪失……………………………………… 175

事項索引　(179)
判例索引　(183)

xi

凡　例

商法の条文は原則として条数のみを引用し、会社法の条文は「会社」として表記しました。その他の法令は一般に用いられる略語で表記しました。

引用文献［略語表］（五十音順）

（一部を除き、入手可能なものに限りました）

石井＝鴻　　石井照久＝鴻常夫『商行為法』（勁草書房）

江頭　　江頭憲治郎『商取引法〔第8版〕』（弘文堂）

大隅　　大隅健一郎『商法総則〔新版〕』（有斐閣）

大隅・商行為法　　大隅健一郎『商行為法』（青林書院）

鴻　　鴻常夫『商法総則〔新訂第5版〕』（弘文堂）

大森　　大森忠夫『商法総則』（青林書院）

落合ほか　　落合誠一＝大塚龍児＝山下友信『Sシリーズ　商法Ⅰ—総則・商行為〔第6版〕』（有斐閣）

神崎　　神崎克郎『商行為法Ⅰ』（有斐閣）

岸田　　岸田雅雄『ゼミナール商法総則・商行為法入門』（日本経済新聞社）

近藤　　近藤光男『商法総則・商行為法〔第7版〕』（有斐閣）

鈴木　　鈴木竹雄『新版商行為法・保険法・海商法』（弘文堂）

田中誠　　田中誠二『新版商行為法〔再全訂版〕』（千倉書房）

田中誠・総則　　田中誠二『全訂商法総則詳論』（勁草書房）

田辺　　田邊光政『商法総則・商行為法〔第3版〕』（新世社）

西原　　西原寛一『商行為法』（有斐閣）

服部　　服部栄三『商法総則〔第3版〕』（青林書院）

平出　　平出慶道『商行為法〔第2版〕』（青林書院）

森本　　森本滋編『商法総則講義〔第3版〕』（成文堂）

弥永・会社法　　弥永真生『リーガルマインド会社法〔第14版〕』（有斐閣）

弥永・手形法　　弥永真生『リーガルマインド手形法・小切手法〔第3版〕』（有斐閣）

基本法　　服部榮三＝星川長七編『基本法コンメンタール　商法総則・商行為法〔第4版〕』（日本評論社）

百選　　江頭憲治郎＝山下友信編『商法（総則・商行為）判例百選〔第5版〕』（有斐

凡　例

　　　　閣)(掲載判例は○○事件として引用)
争点　　北沢正啓＝浜田道代編『商法の争点Ⅰ，Ⅱ』(有斐閣)
演習　　鈴木竹雄＝大隅健一郎編『商法演習Ⅱ』(有斐閣)
演習商法　竹内昭夫＝松岡誠之助＝前田庸『演習商法』(有斐閣)
基礎演習　倉沢康一郎＝奥島孝康『基礎演習商法』(有斐閣)

法教　　法学教室
ジュリ　ジュリスト
(判例集・判例雑誌の略語は，巻末の判例索引を参照)

　なお，弥永『最新重要判例200商法〔第3版〕』(弘文堂)掲載判例の番号を [　] で示しました。

xiii

本書のコピー，スキャン，デジタル化等の無断複製は著作権法上での例外を除き禁じられています。本書を代行業者等の第三者に依頼してスキャンやデジタル化することは，たとえ個人や家庭内での利用でも著作権法違反です。

第1章 商法の意義・適用範囲と商法総則・会社法総則・商行為法の視点

1-1 商法の意義

　本書で取り扱う商法は，商法典（明治32年法律第48号）であるが，これは形式的意義の商法とよばれている。これに対して，学問上は，民法とは別個の統一的体系的に把握されるべき特定の法領域として実質的意義の商法という概念が受け入れられている。そして，通説は，実質的意義の商法とは，企業[1]に関係する経済主体の私的利益の調整を目的とする法規整の総体であると考えている（企業法説）。実質的意義の商法にどのようなものが含まれるかについては議論があるが，少なくとも，商法典中のほとんどの規定のほかに商事特別法（会社法のほか，商法総則との関係では不正競争防止法など，商行為法との関係では銀行法などの各種業法など）や商慣習法，自動執行力ある〔直接適用可能な〕商事条約（国際航空運送に関するワルソー条約・モントリオール条約・ハーグ改正議定書など）が含まれると考えられる。

1-2 実質的意義の商法の適用の順序・範囲

　商事（商法典によって規制されるべき事項）に関しては，商事制定法（自動執行力ある商事条約・商事特別法・商法典）が最も優先的に適用され（法適用3)[2]，そ

---
1) 企業とは，一定の計画に従い，継続的意図をもって資本的計算のもとに営利活動を行う独立した経済単位であると考えられている。企業には会社のほか組合，個人企業なども含まれる。
2) 法律に根拠を有する商事自治法（会社の定款，証券取引所の業務規程など）は商事制定法に優先して適用されると考えられている。また，自主規整が慣習法のレベルに達し

I

第1章　商法の意義・適用範囲と商法総則・会社法総則・商行為法の視点

こに規定がないときは商慣習[3]が適用され，商慣習もないときは民法が適用される（1Ⅱ）。これは，商事制定法は民法の特別法と位置付けられること，企業をめぐる法律関係については制定法の規制では不十分な場合や不合理な場合が生じてくる可能性が高く，他方，商取引においては合理的な慣習が形成され，規範的な意義をもつことがあるため，民法に対して商慣習を優先させることが適当であることによる。

商事制定法のなかでは，一般的な原則（条約は法律に優先する。特別法は一般法に優先する。新法は旧法に優先する）に従って，自動執行力ある商事条約→商事特別法→商法典の順で適用される。

他の多くの法律と同様，商法典はすべての日本国民に適用され，また日本の

ていれば，商慣習法として適用されうる（落合ほか25）。他方，普通取引約款（取引のため，あらかじめ契約内容を定型化した標準条項）について，判例（大判大正4・12・24〈2事件〉[74]）は，当事者双方が特に普通取引約款によらない旨の意思表示をしないで契約したときは，反証がない限り，その約款による意思をもって契約したと推定すべきであるとしているが（意思推定理論），法的安定性の確保のため，反対の意思表示がない限り，当事者は有効な約款に拘束されるとするのが多数説である。そして，この結論を説明するため，普通取引約款を一種の商事自治法と解する見解（西原52，服部30），その分野の取引について一般に約款が用いられているときは，約款により契約が締結されるという白地慣習法または事実たる白地慣習があるとする見解（鴻66，大隅77）などがある。

[3] 平成17年改正後商法では「商慣習」と規定されているが，これは商慣習法を意味すると考えられる（法適用3条の「慣習」は慣習法を意味すると解されている）。ここで，慣習法とは法的確信を伴う慣習をいうとされ，それに至らない慣習は事実たる慣習といわれ，後者は法律行為の補充的解釈の基準となる（民92）。商慣習法（商事に関する慣習法）も法律であり，裁判所は職権で探知してこれを適用しなければならない。商慣習法として認められた典型例は白紙委任状付記名株式の譲渡（大判昭和19・2・29〈1事件〉[73]），白地手形の引受け（大判大正15・12・16民集5巻841）である。当事者が事実たる商慣習による意思を有したときに限りその拘束力は認められるが，商慣習法は当事者の意思にかかわりなく拘束力を有する。しかし，商慣習は当事者がこれによる意思を有するときは商事制定法中の任意規定にもかかわらず適用されるが，商慣習法は任意規定にも劣後する（民92）と解するのが通説である。しかし，任意規定に対する変更力を認める見解（田中誠・総則146）や1条は原則を定めたものにすぎないから，明確で合理的な商慣習法が存在し，それが商事制定法に比べて実際生活により適切である場合には，例外的に強行法規に対する変更力も認める見解がある（服部39，大隅82）。また，事実たる慣習と慣習法との差を認めない見解もある（西原41，服部19-20）。

領土全域において適用されるのが原則である。また，法律の制定・改廃があったときは，法律はその効力を生じた時以後に発生した法律事実にのみ適用されるのが原則であるが，商事に関しては，経過規定などによって，新法の遡及効が認められることも少なくない。

1-3 商法総則・会社法総則の視点

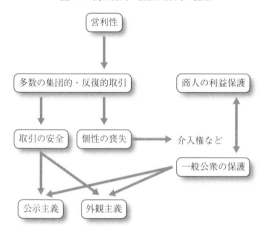

図1-1 商法総則・会社法総則の視点

① 営利性

　企業の活動は営利を目的としており，企業はより多くの利益を得るために多数の取引を合理的に行おうとする。このため，多数の集団的・反復的取引を円滑確実に行えるよう，以下でみるように，商法総則・会社法総則には取引の円滑と安全を図った規定が設けられている。また，商人[4]の営業上・事業上の正当な利益を守るために，競業避止義務をはじめとして，商法・会社法はいくつかの規定を置いている。

---

[4] 会社・外国会社（会社2①②）は商人であるが（**2-2-1**），会社・外国会社には商法11条から31条は適用されず，会社法5条から24条が適用される（外国会社には会社法6条2項3項は適用されず，会社法7条にいう「会社」には外国会社は含まれない）。

② 取引の安全

商法総則・会社法総則では取引の安全は，主として外観主義と公示主義を採用することによって図られている。

③ 外観主義

取引を迅速に行えるようにするためには，取引にあたって外観を信頼できることが必要であり，取引の安全を確保するためには，外観と真実が一致しない場合に，外観を信頼した者を保護する必要がある。名板貸人の責任（14，会社9），商号を続用する場合等の営業譲渡・事業の譲渡における譲受人・譲受会社の責任（17Ⅰ～Ⅲ・18，会社22Ⅰ～Ⅲ・23）と譲渡人・譲渡会社の債務者の保護（17Ⅳ，会社22Ⅳ），支配人等の包括的代理権（21・25，会社11・14），表見支配人（24，会社13），物品販売等を目的とする店舗の使用人の代理権（26，会社15）などがこのあらわれである。

④ 公示主義

取引にとって重要な情報を開示させるために，商法総則・会社法は企業に関するさまざまな情報を公衆に周知させるための手続として商業登記制度（8～10，会社907～938）を採用し，同時に，登記の効力（9，会社908）を定めている。

⑤ 商人の営業上・事業上の利益の保護

第1に，他人を用いて営業・事業を行う場合には，その他人が商人の利益を害するような行動をする危険性がある。もちろん，契約によって対応することもできるが，商法総則・会社法総則は，一定の者に競業避止義務を課している。第2に，営業・事業自体の経済的価値が高い場合があることに鑑みて，営業譲渡人・事業の譲渡会社の競業避止義務（16，会社21）を定める。そして，商号にはその営業の名声などが化体されるため，商号に対する保護を厚くしている（12，会社8，不正競争防止法）。第3に，民法とは異なる留置権が認められている（31・521・557・562・574・741Ⅱ，会社20など）。

⑥ 一般公衆の保護

商人の自由な活動を可能な限り妨げないという方針をとりつつ（たとえば11参照），公衆の保護を図っている。たとえば，会社でないものが商号中に「会社であると誤認されるおそれのある文字」を用いることの禁止（会社7・978）がある。その他の商号に関する規制も商号権者の保護と同時に一般公衆の商号

に対する信頼を保護する面を有する。また，商業登記制度によって公衆の保護が図られている。

⑦　個性の喪失

企業は大量の取引を行うため，取引の相手方の個性の重要性が低くなることもあるし，取引所で取引されている有価証券や商品については，給付内容が定型化されるため，とりわけ，そのようにいえる。そこで，問屋の介入権（555）が認められる。

1-4　商行為法の視点

① 営利性

企業の活動は営利を目的としており，より多くの利益を得るために多数の取引を合理的に行おうとする。このため，多数の集団的・反復的取引を円滑確実に行えるよう，以下でみるように，商法（商行為法）は定型性・迅速性・取引の安全を図った規定を設けると同時に，企業金融の円滑化を図っている。さらに営利性を直接に反映する規定もある（商人の報酬請求権〔512〕，消費貸借における法定利息請求権〔513 I〕，金銭立替についての法定利息請求権〔513 II〕など）。

② 定型性・迅速性（簡易性）

企業は，継続的に営利を追求し，より多くの利益を実現するために，多数の取引を集団的反復的かつ迅速に行おうとする。本来，個々の取引の内容や方式を自由に決定できるはずであるが，取引を合理的に行い，多数の取引を迅速に処理するために一定の内容や方式を定め，これに従って各個の取引を行う（定型化）。普通取引約款（民548の2〜548の4参照）は定型化の重要な例の一つである。

また，商法にも個々の取引を迅速に処理するための規定がある。たとえば，申込みの効力についての特則（508）および諾否の通知義務（509），定期売買の当然解除（525），売買目的物についての売主の供託権・競売権（524）および買主の検査・通知義務（526），問屋が取次ぎをした場合における通知義務（557・27），問屋の買入物品供託権・競売権（556・524），運送人の運送品供託権・競売権（582・583・742），倉庫営業者の寄託物供託権・競売権（615・524 I II），短

期消滅時効等（564・584・585・593Ⅱ・598など），交互計算の制度（529〜534）などがある。また，取引の迅速性を確保するためには，商人の信用を保持し，取引の安全を確保することが重要である。

図1-2　商行為法の視点

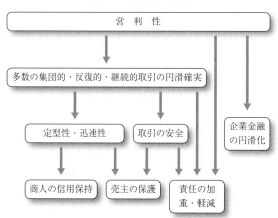

③　取引の安全

多数の取引を迅速に処理するためには，取引の安全が確保されなければならない。この観点から，営業の部類に属する契約の申込みを受けた商人が申込みを拒絶した場合における物品の保管義務（510），目的物が種類，品質，数量について契約不適合であることを理由として買主が売買契約を解除した場合等における目的物の保管・供託義務（527・528），仲立人が媒介する行為の当事者の一方の氏名を黙秘した場合に相手方に対して自ら履行すべき義務（549），問屋が取次ぎをした売買契約の相手方が債務を履行しない場合に委託者に対して自ら履行すべき義務（553）などの規定が設けられている。

④　企業金融の円滑化

企業の維持・発展にとって資金調達はきわめて重要な課題である。そして，資金調達は出資を受けるという方法によるのみならず，借入などの方法によることも考えられる。そこで，企業金融を円滑化するという観点から，多数債務者・保証人の連帯（511），流質契約の自由（515）などが定められている。

⑤　売主の保護

商取引の迅速性を確保するという要請に応じて，不安定な取引関係を速やかに決着させるなど，「売主の利益」を保護するために，民法の一般原則が修正されている（524以下）。

⑥　商人の信用保持

商人の信用が確保されれば，それだけ迅速・円滑な取引をなしやすくなる。

⑦　責任の加重・軽減

民法の一般原則としては，過失責任主義がとられ，基本的には，通常損害および当事者に予見可能であった特別の事情によって生じた損害のすべてを賠償すべきこととされているが，商取引の性質に応じて，商法では一方当事者の責任を加重しまたは軽減している。責任を加重している例としては，場屋営業者は寄託を受けた物品については不可抗力による場合を除き，損害賠償責任を負うとされている（596Ⅰ）。軽減されている例としては，運送人に故意または重過失がない場合の責任がある（576ⅠⅢ・593Ⅰ）。また，高価品の特則（577・592・597）や短期消滅時効等（564・584・585・593Ⅱ・598など）が認められている。

第2章 商法総則・商行為法の適用範囲

表 2-1 商行為法の適用範囲

	当事者の一方にとって商行為	当事者の一方が商人	当事者の双方が商人
商事代理（504）	本人にとって商行為		
商行為の委任（505・506）	委託者にとって商行為		
申込の特則（508）			○
債務履行場所（516Ⅰ）	○		
取引時間（520）	○		
多数債務者（511Ⅰ）	債務者にとって商行為		
保証の連帯性（511Ⅱ）	主たる債務者にとって商行為***		
流質の許容（515）	債務者にとって商行為		
報酬請求権（512）		行為者が商人*	
利息請求権(立替払)（513Ⅱ）		立替者が商人*	
利息請求権(消費貸借)（513Ⅰ）			○*
交互計算（529-534）		○**	
寄託（595）		受寄者が商人*	
諾否の通知義務（509）		被申込者が商人**	
物品保管義務（510）		被申込者が商人*	
目的物の供託・競売（524）			○
目的物検査・通知・保管供託義務（526-528）			○
定期売買（525）			○
商人間の留置権（521）			○（双方にとって商行為）

*　営業の範囲内，営業の部類
**　平常取引をする場合
***　判例は，債権者にとって保証が商行為であればよいとする（*8-3-2*）

第 2 章　商法総則・商行為法の適用範囲

商法は，原則として，当事者の一方（一方が数人であるときは，その 1 人について商行為であればよい。3Ⅱ）にとって商行為（*2-1*）である場合に当事者の両方に適用される（3Ⅰ）。しかし，商法典の第 1 編（商法総則）の 5 条以下は商人（*2-2*）〔会社・外国会社〈会社 2 ①②〉を除く。11Ⅰかっこ書〕に適用される規定であるし [1]，商法典の第 2 編（商行為法）には，当事者の両方が商人である場合にのみ適用される規定や一方が商人である場合にのみ適用される規定がある。このように，商法総則，商行為法の適用範囲は，商行為という概念と商人という概念によって決められている [2]。

ところが，商人概念と商行為概念は以下でみるように互いに入れ子の関係に立っている。すなわち，会社・外国会社を除き，まず，商行為概念の一部（絶対的商行為〔*2-1-1*〕および営業的商行為〔*2-1-2*〕。この 2 つを基本的商行為という）が

図 2-1　商行為と商人との関係

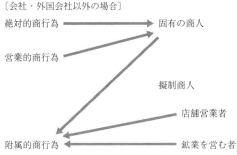

---

1)　ただし，小商人には商業登記および商業帳簿に関する規定，商号に関する規定の一部は適用されない（7）。
　　これは，商業帳簿や商業登記の規定を適用すると小商人にとって煩瑣すぎるし，小商人の経済社会における重要性が高くないことを考えると商業帳簿や商業登記の規定を適用しなくても不都合が大きくないことによる。商号の規定の適用が排除されているのは，小商人に商号専用権を認めるとそれ以外の商人の商号選定を不当に妨げるおそれがあるからだと説明されている。なお，小商人とは営業の用に供する財産につき貸借対照表に計上した額が 50 万円を超えない商人をいう（商法施行規則 3）。
2)　まず，商人概念を定義し，商人の行為を商行為とする主観主義（商人法主義），行為の客観的性質から商行為概念を定義し，商行為を営業としてする者を商人とする客観主義（商行為法主義）もあるが，現行法は商行為概念を定め，商行為を営業としてする者を商人とするとともに，擬制商人も認め，かつ附属的商行為を認める折衷主義によっている。

2-1 商行為

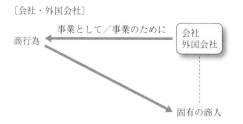

決まり，それに基づいて商人概念（固有の商人）が決まるのが基本である（ただし，商行為概念とは別に商人とされるもの〔擬制商人〕もある）が，さらに，商人概念に基づいて，商行為概念の残り（附属的商行為〔2-1-3〕）が決まる。他方，会社・外国会社がその事業として，または事業のために行う行為は商行為とされ，その結果，通常，会社・外国会社は商人にあたる（2-2-1 および本章注 11 も参照）。

2-1　商行為

　商行為には，その行為の性質・態様に注目した絶対的商行為・営業的商行為（だれが行っても商行為である）と附属的商行為（商人が営業のために行って，初めて商行為性が認められる行為。商人以外の者がその行為を行っても，相手方にとって商行為でない限り〔3Ⅰ〕，商行為性は認められない）とがある。

2-1-1　絶対的商行為

　その行為のもつ客観的な営利的性格（対外的活動によって利益をあげる）に注目して，1回限り行われた場合でも，商行為とされるものを絶対的商行為という。

　501 条は 4 種類の行為を絶対的商行為として限定列挙しており，特別法である担保付社債信託法による信託の引受けも絶対的商行為である。

(1)　投機購買とその実行行為（501①）

　利益を得て譲渡する意思（投機意思または営利意思）をもって，動産，不動産または有価証券を他人から有償で取得し（投機購買），その取得した動産などを譲渡する行為（実行行為）をいう（まず安く買って，高く売ろうとする場合）。たとえば，スーパーマーケットなどが商品を仕入れてきて，客に販売することなど

がこれにあたる。取得行為も譲渡行為もともに絶対的商行為である。
　取得行為には購買のほかに交換・消費貸借・請負・委託売買を含む。譲渡とは，必ずしも取得した動産等をそのまま譲渡することのみを意味するものではなく，製造または加工して譲渡する場合を含むから（大判昭和4・9・28〈33事件〉[98]），原材料を購入して，加工・製造のうえ販売するメーカーの行為も含まれる。取得する時点で投機意思があることが必要であり，かつ十分である。したがって，投機意思を有しないで（たとえば，自分で用いる意思で）取得した動産などを利益をあげる目的で売却してもこれにはあたらないし，実行行為によって現実に利益を得る必要はない。なお，取引安全の保護のために，投機意思は外部から認識可能でなければならない。

(2) 投機売却とその実行行為（501②）

　他から取得する予定の動産または有価証券の供給行為を投機売却といい，他から投機売却の目的物を有償取得する行為を実行行為という（まず買主を見つけて，高く売っておいて，それから目的物を売った値段より安く買うという場合）。投機意思は供給契約締結時にあれば足りるが，取引安全の保護のために，投機意思は外部から認識可能でなければならないと解すべきであろう。

(3) 取引所においてなされる取引（501③）

　代替的な一定の物品が大量かつ集団的に売買される施設または市場を取引所という。株式その他の有価証券の売買または市場デリバティブ取引を目的とする金融商品取引所と商品の取引を目的とする商品取引所などがある。取引所における取引が絶対的商行為とされるのは，それらの取引が大量に定型的になされ，その方法も技術的・専門的だからである。

(4) 手形その他の商業証券に関する行為（501④）

　商業証券（広く有価証券を含む）に関する行為とは，証券自体の上になされる振出し・引受け・裏書・保証などの証券上の行為のみを意味する（最判昭和36・11・24〈34事件〉は白地小切手の補充権授与行為は501条4号の行為に準ずるとする）。証券を目的とする売買・担保設定・交換・消費貸借などの行為は501条1号または2号の対象となりうる。商業証券に関する行為が絶対的商行為とされるのは，これらの証券に関する行為に商法典の規定を一般的に適用することが取引の大量性・定型性にてらして適当であると考えられるからである。

(5) **担保付社債信託法による信託の引受け**（担保付社債信託法3）

2-1-2 営業的商行為（502）

　営業としてする場合に商行為とされる行為を営業的商行為という[3]。ここで，「営業としてする」とは営利の目的をもって，反復継続して行うことをいう。民法の適用範囲と商法の適用範囲とを明確に区別する必要があり，かつ502条も501条と同様に民法と商法の適用範囲を画する機能を有することから，502条も限定列挙であると考えられている（最判昭和50・6・27〈35事件〉[100]参照）。しかし，列挙された行為であっても，もっぱら賃金を得る目的で物を製造し，または労務を提供する者の行為は商行為ではない（502柱書ただし書）。これは，小規模な賃仕事・手内職には商法を適用するまでのことはないと考えられたためである。すなわち，それらの行為には投機性がなく，受ける報酬には投下資本に対する対価という面がほとんどないため，実質的に労務提供の対価であると考えられるうえ，規模が小さいからである[4]。

(1) **投機貸借およびその実行行為**（502①）

　他に賃貸する目的をもって（投機意思），動産または不動産を有償取得または賃借する行為を投機貸借といい，そのようにして取得・賃借した動産などを賃貸する行為を実行行為という。リース・レンタル業（車のリース，レンタルCDなど）や不動産賃貸業などがこれにあたる。

　実行行為により現実に利益が得られることは不要であり（この点は501①と同じ），個々の投機貸借行為についての投機意思は必ずしも必要ではなく，そのような行為の反復としての営業全体につき投機意思が存在すれば足りる。

(2) **他人のための製造・加工に関する行為**（502②）

　「他人のため」とは他人の計算においてという意味である。製造または加工に関する行為とは，材料に労力を加えるという事実行為（物の種類に変更が生ずる場合が製造，生じない場合が加工）をすることを有償で引き受ける行為をいう。

　3）　商法502条が定めるもののほか，無尽業法上の無尽（無尽業法3・4）などが営業的商行為にあたる。

　4）　大判昭和18・7・12民集22巻539[99]は相当の資本を投下し，主として機械力を利用する設備経営のもとで精米を請け負う場合には商行為にあたるとしている。

(3) 電気・ガスの供給に関する行為（502③）

電気・ガスを供給することを有償で引き受ける行為をいう。水や電波，有線放送などの供給に関する行為は，明文上，あたらないが，そのような行為が会社形態でなされる場合には，会社が事業として行う行為として商行為（会社5）となる。

(4) 運送に関する行為（502④）

運送（物または人を場所的に移動させる）という事実行為をすることを引き受ける行為をいう。

(5) 作業または労務の請負（502⑤）

作業の請負には，道路の建設，家屋・工作物の建築，船舶の建造などを引き受ける行為が含まれ，労務の請負とは，労働者の供給を請け負う行為をいう。したがって，自ら労務を提供することはこれにはあたらない。

(6) 出版・印刷・撮影に関する行為（502⑥）

出版に関する行為とは文書などを印刷して販売・頒布することを引き受ける行為をいい，印刷または撮影に関する行為とは，印刷または撮影を引き受ける行為をいう。

(7) 場屋取引（502⑦）（第12章参照）

判例（大判昭和12・11・26民集16巻1681［101］）によれば，ここでいう場屋取引とは，公衆の来集に適する物的・人的設備を設け，客に一定の設備を利用させる行為である。たとえば，ホテル，映画館，遊園地，パチンコ屋，ゴルフ場などがこれにあたる。そして，判例は，理髪のための業務用設備は客が利用するための設備ではないから，理髪業は場屋取引ではなく，理髪業においては単なる請負もしくは労務提供契約があるにすぎないとしているが，場屋の取引とは，客の来集を目的として，公衆の来集に適する施設を設けて客の需要に応じてする行為をいうから，理髪店における理髪契約も本号にいう場屋取引にあたるとする見解が多数説である（大隅106，神崎21，鴻95）。また，判例のような場屋取引の定義をとりつつ，客による利用は能動的である必要はないとして，理髪業を場屋取引とみる見解もある。場屋取引であるか否かは，場屋営業者の責任に関する規定の適用があるか否かを定める規準であるところ，コンサート・ホールや劇場も場屋営業に含まれると解するのが妥当であるから，このよ

うな類型の営業を場屋営業と考えるためには，客による設備の利用を強調すべきではなく，場屋の取引とは，客の来集を目的として，公衆の来集に適する施設を設けて客の需要に応じてする行為であると考えるべきであろう。

(8) **両替その他の銀行取引**（502⑧）

金銭または有価証券の転換を媒介する行為をいう。銀行取引は，金銭または有価証券を受け入れる行為（受信行為）とこれを需要者に給付する行為（与信行為）とがともに存在するものであり，したがって，自己資金のみをもって貸付けを行う貸金業者の貸付行為は，受信行為がないので，銀行取引にあたらないと考えるのが判例（最判昭和50・6・27〈35事件〉[100]）・多数説である[5]。

(9) **保険**（502⑨）

対価を得て，保険を引き受ける行為をいうが，営利を目的とするもの（営利保険）に限られ，社会保険や相互保険における保険行為は本号にはあたらない。

(10) **寄託の引受け**（502⑩）

他人のために物の保管を引き受ける行為をいう。倉庫業や駐車場の経営がこれにあたる。

(11) **仲立または取次ぎに関する行為**（502⑪）

仲立に関する行為とは，他人間の法律行為の媒介を引き受ける行為である。媒介される法律行為が商行為のときは仲立人（543）といい，商行為以外の法律行為であるときは民事仲立人（結婚の媒介，不動産仲介など）という。媒介代理商（27，会社16）も本号にいう仲立に関する行為を行う者である。

取次ぎに関する行為とは，自己の名をもって他人の計算において法律行為をすることを引き受けることをいう。

---

5) 有力説（服部465，田辺68など）は，金銭を貸し付ける行為は同じなのに，受信行為の有無によって，商行為になるか否かが分かれるのは不合理であること，貸金業者も現実には他から借り入れていることを指摘し，貸金業者や質屋営業者の貸付行為は502条8号にあたるとするが，502条が商法の適用範囲を定める機能を有していることを考慮すると，法的安定性を確保するために拡張解釈は望ましくない。そして，貸金業者等の貸付行為が商行為にあたらないとすることによって仮に不都合が生ずるとしても，その不都合は，契約によって除くことができるし，貸金業者等が会社であれば，商行為法の適用を受けるのだから，商行為性を認めないことに重大な問題はないように思われる。

第 2 章　商法総則・商行為法の適用範囲

⑫　商行為の代理の引受け（502⑫）

本人にとって商行為である行為の代理を引き受ける行為をいう。締約代理商（27-31）はこれを行う者である。

⑬　信託の引受け（502⑬）

信託とは，信託法3条各号に掲げる方法のいずれかにより，特定の者（受託者）が一定の目的（もっぱらその者の利益を図る目的を除く）に従い財産の管理または処分およびその他の当該目的の達成のために必要な行為をすべきものとすることをいい（信託法2Ⅰ），信託行為の定めに従い，信託財産に属する財産の管理または処分およびその他の信託の目的の達成のために必要な行為をすべき義務を引き受けた者（信託の引受けをなした者）が受託者となる（信託法2Ⅴ）。信託業法2条1項は，「信託業」とは，信託の引受けを行う営業をいうと規定しており，信託業を営むことができるものは株式会社に限られている（信託業法3・5Ⅱ・7Ⅰ・10Ⅰ①）。

2-1-3　附属的商行為（503）

商人がその営業のためにする行為（たとえば，営業資金にあてるための借入れなど）を附属的商行為という[6]。これは，商人は営業の目的である商行為（基本的商行為）のほかに，その営業の助けとなるさまざまな行為をする必要があるが，これらの行為にも商法を適用することが適切だからである。そして，商人が営業のためにするこれらの補助的行為はさまざまであり，具体的に定めることができないから，503条のような一般的規定を設けている。

なお，商人の行為はその営業のためにするものと推定される（503Ⅱ）（最判昭和30・9・29民集9巻10号1484［103］参照）。これは，個人商人の場合，私生活のために行為することもあるので，その者のある行為が営業のためにするものか否かが不明確な場合が生じることがあるため設けられた規定であると考えられる。判例（大判昭和15・7・17民集19巻1197）は，商人の行為自体より観察

---

[6]　会社・外国会社がその事業としてする行為およびその事業のためにする行為は商行為とされる（会社5）。擬制商人がその営業としてする行為は商行為ではないが（4Ⅱ），その営業のためにする行為は附属的商行為として商行為法の適用を受けることとの均衡上，商行為法の適用を受けると解すべきであろう（会社5参照）。

してその営業のためにするのではないことが明らかな場合を除き，本条項は適用されるとする。同様に，会社の行為は商行為と推定され，これを争う者においてその行為がその会社の事業のためにするものでないこと，すなわち，その会社の事業と無関係であることの主張立証責任を負い，会社の貸付けが当該会社の代表者の情宜に基づいてされたものとみる余地があっても，それだけでは，その会社の事業と無関係であることの立証がされたということはできず，他にこれをうかがわせるような事情が存しない以上，その貸付けに係る債権は，商行為によって生じた債権にあたると解されている（最判平成20・2・22〈36事件〉）。

(1) 行為主体の商人性

附属的商行為は，商人がその営業のためにすることによって初めて商行為となる行為であるから，商人の行為でなければならない（ただし，営業準備行為。**2-3-1-1**）。

(2) 行為の営業関連性

営業のためにする行為には直接的に営業のためにする行為のみならず，営業に関連して営業の維持などを図るためにする行為（たとえば，営業資金の借入れ）も含まれる。また，附属的商行為には，法律行為のみならず，準法律行為や事実行為も含まれると考えられている。

2-2　商　人

2-2-1　固有の商人（4 I）

固有の商人とは，自己の名をもって商行為をすることを業とする者をいう。「自己の名をもって」とは，法律上，自己がその行為から生ずる権利義務の帰属主体となることをいい，ここでいう「商行為」は，会社・外国会社以外にとっては，基本的商行為（絶対的商行為と営業的商行為）を意味する。「業とする」とは営利の目的[7]をもって同種の行為を反復的・継続的に行うことをいう（反

---

[7] 営利の目的とは，本来，対外的取引によって利益をあげる，すなわち収入と支出との差額を得るという目的をいうが，資本に対する報酬を含めて（資本的計算方法によって）収支がバランスすることが予定されている場合には，営利目的があるとされる。こ

復的・継続的に行うことが予定されていれば，1回目に行うときもあたる）。

会社・外国会社がその事業として行う行為およびその事業のためにする行為は商行為とされる（最判平成20・2・22民集62巻2号576は会社の行為は商行為と推定される［商503Ⅱ］とした）ため（会社5），通常，会社・外国会社は自己の名をもって商行為をすることを業とする者[8]であり，商人にあたる（商法11条1項かっこ書は「会社及び外国会社を除く。以下この編において同じ」と定めるから，商法4条1項は会社・外国会社にも適用される。前掲最判平成20・2・22は会社は商法上の商人に該当すると判示した）。商法11条1項も「商人（会社及び外国会社を除く。……）」と規定しており，商人に会社・外国会社が含まれうることを前提としている。

2-2-2 擬制商人（4Ⅱ）

企業形態や経営形式に注目して商人とするものであり，企業法説の立場とより整合性を有する。

2-2-2-1 店舗販売業者

たとえば，原始取得した物（農産物，水産物など）を販売する行為は商行為でないが（501①と対比），店舗（公衆に対して開設された継続的取引のための場所的設備。鴻105）その他これに類似する設備（通信販売やインターネット販売の場合については，通信設備や情報処理装置が継続的に商品の販売に用いられていることに注目してそれらの機器を「類似する設備」と評価できるのではないか。関・商法総論総則〔第2版〕111注9参照）によって販売している場合には，店舗販売業者は商人とみなされる。商品が原始取得された物であるか，他人より有償で取得した物であるかによって，営業主体が商人とされるか否かが左右されるのは不合理であり，また商品がどのように取得されているかは外部からは判断しにくいからである。

の目的は個々の行為について存在する必要はなく，また現実に利益を得ることは必要ではない。また，他の目的が併存していてもよい。医師・弁護士などの自由職業人については，個人の主観的意図のいかんにかかわらず，営利目的の存在を否定するのが通説である（ただし，そもそも，自由職業は商行為にあたらないのが通常である）。

[8] かりに，営利の目的なく事業として行う行為を反復継続しているというのであれば，「業とする」とはいえないので，会社・外国会社が商人にあたらないということもありうる（神作・ジュリ1295号134以下参照）。

2-2-2-2　鉱業を営む者

自ら採掘した鉱物を販売する行為は商行為ではないが（501①と対比），鉱業には，通常，大規模な資本・設備を要することに注目したものである。

2-3　商人資格の取得と喪失

2-3-1　商人資格の取得

2-3-1-1　自然人の場合

自然人の場合，商人資格は，営業の開始時に取得されると考えられる[9]。しかし，基本的商行為を行う以前の開業準備の段階で開業準備行為を附属的商行為であるととらえて，商人資格を取得できると考えるのが，現在では通説である。これは，まず，基本的商行為を開始するまでは商人資格を取得しないと解すると，商号を選定したり，商業使用人として人を雇い入れることはできないことになりそうであり，また営業資金の借入れや店舗などの賃借について民法の規定が適用されるという実際上の不都合があるからである。

たしかに，附属的商行為は，商人資格の存在を前提としており，基本的商行為は附属的商行為の論理的前提であるが，基本的商行為が附属的商行為に時間的に先行しなければならないとまで考える必要はない。なぜなら，行為者の活動を全体として観察すれば，開業準備行為と基本的商行為との間に計画的な関連性があり，開業準備行為も当該行為者の企業活動の一環として行われており，かつ，行為者および相手方の合理的期待として商法が適用されるべき場合が開

---

[9]　商人資格を取得できるということは，直ちに自ら営業を行うことによって権利を取得し義務を負担できる能力（営業能力）を有することを意味しない。

　未成年者が商人となる場合，法定代理人の営業許可（民6）を受けて未成年者自ら営業するか，法定代理人が未成年者に代わって営業を行うことになるが，営業許可の場合と後見人が未成年者に代わって営業を行う場合には登記が要求される（5・6，商登35以下・6③・40・42）。成年被後見人の場合は，法定代理人が成年被後見人に代わって営業を行う必要があり，この場合も登記が要求される（6）。被保佐人の場合は，被保佐人自身が，必要に応じて保佐人の同意を得て営業を行うことになる。また，被補助人も必要に応じて補助人の同意を得て営業を行う。

第 2 章　商法総則・商行為法の適用範囲

業準備段階でも存在するからである。

　ただ，開業準備段階のどの時点で商人資格が取得されると考えるべきか[10]については，見解が分かれており，①表白行為（店舗の開設，開店広告など）が行われた時点とする見解，②営業の意思が主観的に実現された時点とする見解（最判昭和 33・6・19〈3 事件〉［102］），③営業の意思を相手方が認識し，または営業の意思が客観的に認識可能となった時点とする見解などが存在するほか，④営業の意思が主観的に実現された時点では，商人資格の取得および当該行為の商行為性を相手方が主張でき，営業の意思が特定の相手方に客観的に認識可能となった時点では，商人資格の取得および当該行為の商行為性を行為者もその相手方に対して主張でき，一般に認識可能になった段階では附属的商行為の推定（503Ⅱ）が生ずるとする説（段階説）がある。①説は，営業意思が明確になった時点を基準とする点で明快であり，相手方などに不測の損害を与えないという点で優れているが，開業準備行為の性質からは，商法の規定の適用時点が遅くなるという欠点を有する。営業意思が必ずしも外形的には明らかでないため，②説は取引の相手方などの予想に反して商法の規定が適用される可能性があるという問題を有する。そこで，現在では③説または④説が多数説となっている。③説によれば，当事者が適切な能力を有していれば，取引の相手方が不測の損害を被ることはないから，取引の相手方の利益と行為者の利益とのバランスが図られると考えられ，判例（最判昭和 47・2・24 民集 26 巻 1 号 172）もこの立場による。これに対して，④説は，営業の意思が主観的に実現されても，商人資格の取得および当該行為の商行為性を相手方は主張できないとする点で③説は商人資格の取得に無用な制約を加えていると批判する。たしかに，④説は当事者の意思にも反しないし利益衡量上妥当なものであるようだが，相手方が，後になってから営業の意思を知った場合には商人資格の取得を主張させる必要はないと思われるし，本来，商人資格の取得は対抗問題ではなく，事実の存否の問題であるから，この見解は複雑・技巧的すぎると考えられる。

---

[10]　附属的商行為に関する規定以外の規定との関連で商人資格の取得時期を問題とする場合には，その規定の趣旨に照らして取得時期を決めるべきであると考えられているようである（北沢・百選〔第 3 版〕4 事件解説）。

2-3 商人資格の取得と喪失

［ケース 1］

Aは，野菜・果物販売業を営もうと考えて (1)(2)(3)(4) の行為を順次行った。Aのどの行為による債務に商法が適用されるか。
(1) Bから営業資金を借り入れた。
(2) Cから営業に用いるための日用品を代金後払で購入した。
(3) (2)の後，開店広告のチラシの印刷をDに依頼した。
(4) 開店後，資金が足りなくなったので，Eから金銭を借り入れた。

どの見解によっても，(4)の時点では，Aが商人資格を取得していることは認められ，Eからの借入れは附属的商行為と認められることになり商法の規定（債務の連帯性〔511〕など）の適用を受ける。しかし，①説によると，(1)(2)(3)の段階では表白行為がないから，商人資格をAは取得しておらず，BCDとの間の法律行為は附属的商行為でないことになろう。これに対して，②説によると，遅くとも(2)の段階では営業の意思は主観的に実現されていると考えられるし，③説によっても(3)の段階では営業の意思が客観的に認識可能になったと評価できるから，その段階で商人資格を取得し，その段階以降の債務には商法が適用されることになる。他方，④説によると，営業の意思が主観的に実現された時点（(2)の時点）では，商人資格の取得および当該行為の商行為性をCがAに対して主張でき，営業の意思が特定の相手方に客観的に認識可能となった時点（(3)の時点）では，商人資格の取得および当該行為の商行為性を，AはDに，DはAに対して主張できる。

2-3-1-2 法人の場合

法人の中で会社は，生まれながらの商人であるから，設立時に商人資格を取得する。

会社以外の法人[11]については，自然人と同様に商人資格の取得時期を考え

---
11) 会社以外の法人については，そもそも商人となりうるかも問題となる。

まず，たとえば，投資信託及び投資法人に関する法律に基づく投資法人や資産の流動化に関する法律に基づく特定目的会社は商行為を業とする者であり（投資信託・投資法人法63条の2Ⅰ，資産流動化法14Ⅰ），商人にあたる（ただし，投資信託・投資法人法63条の2第2項および資産流動化法14条2項は商法総則の適用除外を定めている）。

また，存在目的が一般的な公法人（国，地方公共団体）が私法的な立場で事業を営む場合には，その事業が商行為に該当し，かつ営利の目的をもってその事業が営まれると

るべきである。

2-3-2　商人資格の喪失

　会社は，清算結了の時に商人資格を喪失する。他方，自然人は営業の廃止または営業的設備の廃止の時に商人資格を喪失する（4参照）。ただし，残務処理がある場合にはその終了時である。会社以外の法人は自然人の場合と同じく考えてよい。

きには，その限りで商人となりうる（ただし，その性質上，商法総則の商業登記・商号・商業帳簿・商業使用人の規定は適用されない）。公団・公庫などの特殊法人も同様に考えてよいであろう。
　さらに，公益法人も，得た利益を社員に分配しなければ，対外的活動によって利益をあげることは可能であるから，商行為を営業として行う場合にはその限りで商人となりうる（私立学校法 26 参照）。
　他方，存在目的が限定されている土地区画整理組合などは，商人となりえないと考えられる。また，協同組合や保険相互会社は構成員相互の扶助・保険を目的とするものであり，商人性を認める余地がないというのが判例（最判昭和 48・10・5〈4事件〉）・通説であるが，いわゆる生産組合については営利事業の禁止の規定がなく，商人性を認める余地があると主張されているし（服部 244-245），資産運用行為に限っては商人性を認めうるとも指摘されている（森本 40-41）。
　もっとも，相互会社（保険業法 21Ⅱ），農林中央金庫（農林中央金庫法 7）などについては，商法典第 1 編および第 2 編の規定の一部が準用され，適用される。

第3章　商業登記

3-1　商業登記の意義

　商業登記とは，商法，会社法その他の法律の規定により商業登記簿になす登記をいう。

　商業登記簿としては，商号，未成年者，後見人，支配人，株式会社，合名会社，合資会社，合同会社，外国会社に関する9種の登記簿がある（商登6）。これ以外の登記簿になされる登記はたとえ商法上規定されているものであっても（たとえば船舶登記〔686〕），商業登記ではない。

　商人の取引活動は大量かつ反復的に行われ，これに利害関係を有する第三者も多数に及ぶことが多いが，企業の内部的意思決定の中には取引にあたりその効力に影響を及ぼす事項が少なくなく，取引の相手方がこれを調査することは取引の迅速性・大量性の要請から適当ではなく，また商人（企業）側で取引のたびにいちいち相手方にこれを知らせることも煩雑である。

　ところで，そのような取引上重要な事項を公示することとすれば，一般公衆（とりわけ取引の相手方）の調査の手間を相当程度軽減することができ，また不測の損害から守ることができることになる。また，公衆（取引の相手方）は公示された事項を知りえたものとして取り扱われるとすれば，企業にとってもその利益は大きい。また，取引の迅速性・安全性が確保されることは商人自身にとっても利益となる。

3-2　登記すべき事項

　商法・会社法は，企業の利益に配慮しつつも，公衆（取引の相手方）の利益

に影響を及ぼす可能性のある取引上の重要な事項を登記事項としている。

商業登記の登記事項は商法・会社法の個々の規定によって定められている。登記事項には必ず登記しなければならない事項（絶対的登記事項）と個人商人の商号（11Ⅱ）など登記するかどうかが当事者の任意に委ねられている事項（相対的登記事項）がある。相対的登記事項でもいったん登記すると，その変更または消滅があったときは登記することが義務付けられるので（10），その限りにおいて絶対的登記事項となる。

絶対的登記事項については当事者が，私法上，登記義務を負う。そこで，そのような事項の登記を怠っているときは，利害関係人はこの義務の履行を求めることができる。

会社に関しては，登記の懈怠があったときは，会社の取締役・監査役・業務執行社員などに過料が課せられる（会社976①）。

3-3 登記手続

3-3-1 登記の申請・管轄

商業登記は原則として当事者の申請によるが（8・10，会社907・909，商登14），例外として，登記事項が裁判によって生じた場合には裁判所が職権をもって登記所に登記を嘱託する。登記がなされるべき登記所は，当事者の営業所の所在地を管轄する法務局もしくは地方法務局もしくはこれらの支局またはこれらの出張所である（商登1の3）。

3-3-2 登記官の審査権

登記官は申請された事項が法定の登記事項かどうか，申請者の権限の有無・方式が具備されているかどうか，などの申請の形式上の適法性についてのみ審査する権限と義務とを有するにすぎない（形式的審査主義）。なぜなら，登記官は裁判官ではなく記録官にすぎないから，申請事項が真実に合致しているかどうか実質的に審査するには適していないし，登記事項の真否調査は事実上不可能だからである。また，形式上の適法性のみを審査すればよいとするほうが迅

速に登記事務を処理することができるようになるからである。

商業登記法 24 条 10 号で，登記すべき事項に無効・取消しの原因がある場合に登記申請を却下すべき旨を定めているが，登記官は無効・取消の原因があるかどうかを登記簿・申請書および添付書類に記載されたところを基準として判断し，この資料によって無効・取消原因の存在が客観的に明白である場合に，その申請を却下すべきである（最判昭和 43・12・24〈11 事件〉[81]）。もし，無効・取消しの原因の存在が客観的に明らかでない場合には，無効あるいは取消しの判断を下すことなく，申請者の利益のために一応有効なものとして，申請を受理して登記するのが，形式的審査主義の観点から適当である。

3-4　登記の公示

何人も，手数料を納付して，登記事項証明書または登記簿に記録されている事項の概要を記載した書面の交付を請求することができる（商登 10・11）。また，利害関係を有する者は，手数料を納付して，登記簿の附属書類の閲覧を請求することができる（商登 11 の 2）。

3-5　商業登記の効力

登記の効力は次のようにまとめられる。

図 3-1　登記の効力

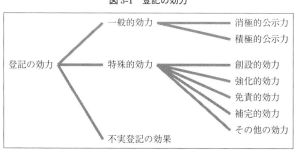

3-5-1 商業登記の一般的効力（9Ⅰ，会社908Ⅰ）

登記事項は，取引安全を確保するために法定されたものであるから，取引上重要な事項に関するものに限られる。この登記事項の対抗力は登記が加わることによって初めて非登記事項（取引上重要でない事項）の対抗力と同一になる。この取引安全の要請から認められる登記の効力を一般的効力（確保的効力）という。

(1) 9条1項および会社法908条1項の適用範囲

① **「登記すべき事項」**　絶対的登記事項のほか相対的登記事項を含む。

② **法律関係についての適用範囲**　法律行為に適用されるのが原則であるが，取引的不法行為にも適用するのが妥当である。訴訟行為にも適用されるとするのが多数説であるが，判例（最判昭和43・11・1〈6事件〉[79]）は民事訴訟は実体法上の取引行為でないことを根拠に適用されないとする（詳しくは，高橋宏志・百選6事件解説参照）。

③ **営業所に関する適用範囲**　登記は本店所在地におけるものと支店所在地におけるものとがある（会社930～932参照）。

(2) 対抗しえない第三者の意味

① **対抗力の意味**　対抗しえないとは登記当事者のほうから第三者に向かってある事項を主張することができないことをいう。第三者のほうから登記当事者に向かって主張することは9条1項・会社法908条1項に関係なく認められる（最判昭和35・4・14民集14巻5号833 [75]）。登記当事者相互間あるいは第三者相互間（最判昭和29・10・15〈5事件〉[78]）においては9条1項・会社法908条1項に関係なく，したがって，登記の有無は基準とならず，事実の存否に従って処理される。

② **第三者の範囲**　登記事項について正当な利害関係を有する者を含む。

(3) 登記前の第三者の地位（9Ⅰ前段，会社908Ⅰ前段）——**商業登記の消極的公示力**

① **善意の意義と商業登記の消極的公示力**　善意とは登記事項の存在を知らなかったことをいい，善意であれば過失（重過失を含む）があっても保護される。そのような善意が認められる限り，登記の有無が第三者の意思決定に影

響を及ぼさなかった場合，たとえば，当該事項が登記されていないことを確かめ，それゆえに当該事項が存在しないと信じて第三者が取引をしたのではない場合でも第三者は保護される。

② **善意・悪意の判断時期**　第三者が法律上の利害関係を有するに至った取引の時である。その後になって悪意となっても（事実を知っても），商人は第三者にその事実を対抗できることにはならない。

③ **善意・悪意の立証責任**　登記前には，第三者の善意が事実上推定されるので，その悪意は，第三者の悪意を主張する者（登記義務者）が立証すべきものである。

(4) **登記後の第三者の地位**（9 Ⅰ 後段，会社 908 Ⅰ 後段）——商業登記の積極的公示力

[ケース 2]

　　Aは，B株式会社と継続的に取引をしていたが，Aとの取引にあたってB株式会社を代表していたのは代表取締役Cであった。その後，Cは解任され，その登記がなされたが，CはB株式会社代表取締役と称してAとの取引を継続していた。

① **商業登記の積極的公示力**　通説によれば，一定の登記事項が存在し，かつ，これが登記されたときは，第三者もその事実を知ったものと擬制され，第三者が正当の事由によってこれを知らなかったことを証明しない限り，これを知らなかった第三者にも対抗できる。9条1項後段または会社法908条1項後段が適用される場合には，民法112条の適用の余地はないとするのが判例（最判昭和49・3・22〈7事件〉[77]）であるが，共同代表取締役（会社法のもとではこの制度はない）の1人が単独で代表行為を行った事案において会社法354条〔当時の商法262条〕（表見代表取締役）の類推適用が認められていた（最判昭和42・4・28民集21巻3号796）。

② **正当の事由**　登記されている事項を知ろうとしても知りえない客観的障害で，たとえば交通杜絶とか新聞の不到達，登記簿の滅失汚損などをいい，病気や長期の旅行などの主観的事情は含まないし，突然代表者が交替したような場合でも，取引行為時に登記簿閲覧が可能な期間があれば正当事由にあたらないとするのが判例（最判昭和52・12・23〈8事件〉[76] 参照）である。最高裁の判例（7事件[77]および8事件[76]）によると，[ケース2]の場合には，A

はB会社に対して，Cが解任後にした取引の履行を求める余地がなさそうにみえるので，有力説は，9条1項・会社法908条1項は登記事項については登記は登記事項の対抗力を非登記事項の対抗力とほぼ同じに復帰させる機能をもっているにすぎず（積極的公示力を否定），民法112条と商法9条1項・会社法908条1項とは別次元の規定であり，民法112条が適用されうる（浜田・争点12）と解したり，登記に優越する事情や外観は「正当な事由」にあたる（服部485-486。また，田辺133-134）として，このような場合のAのB会社に対する請求を認める。

たしかに，常に登記を確認し続けることを求めるのは非現実的であるが，9条1項・会社法908条1項の文言からは，積極的公示力が認められると解するのが自然である。そして，9条1項・会社法908条1項の積極的公示力が認められる場合にも，登記に優越する外観等が存在することを実質的根拠として，会社法354条または421条の適用が認められるのであれば，商法24条・会社法13条（表見支配人）(7-2-6)の規定の適用も認められるであろうから，取引の相手方の保護は商法24条，会社法13条・354条または421条によって図ればよいと考えられる。すなわち，商人（会社を含む）としては，退任または解任・解職された代表取締役・代表執行役・支配人がその名称を用い続けていることを知った場合にはそれをやめさせる義務があり，それを怠った場合には黙認があったと評価すべきであろう。

3-5-2　商業登記の特殊的効力

登記の有無は画一的かつ明確な基準を提供するものであることから，登記によって，特別の効力を生ずる場合が定められている。これは，画一的処理の要請に基づく登記の特殊的効力といわれる。この場合には9条1項または会社法908条1項の適用はない（例外である）。

3-5-2-1　創設的効力

登記のみによって新たな法律事実または法律関係が創設される場合の効力を創設的効力とよんでいる。会社の設立登記（会社49・579）により会社は成立し，会社の新設合併登記（会社754Ⅰ・756Ⅰ），新設分割登記（会社764Ⅰ・766Ⅰ），株式移転登記（会社774）によって新設合併，新設分割，株式移転の効力が生

ずる（他方，清算結了の登記には創設的効力はない）。

3-5-2-2 その他の効力

商号の登記によって商号専用権が発生すると解するのは適切ではないので，創設的効力を認めることはできない。しかし，商号譲渡の登記によって，商号譲渡は第三者に対抗できることとされている（15Ⅱ）。さらに，外国会社（会社2②）は外国会社の登記をするまでは，日本において継続して取引をしてはならないものとされている（会社818Ⅰ）（強化的効力）。

持分会社の社員は退社登記または持分の全部譲渡の登記の時から2年，解散の登記から5年経過したときは，それ以前に請求または請求の予告をしなかった債権者に対する責任を免れるし（会社586Ⅱ・612Ⅱ・673Ⅰ）（免責的効力），設立登記により会社が成立した後は，設立の無効または取消しの判決があっても従来の法律関係の効力には影響を及ぼさず（会社839），株式引受人は錯誤・詐欺・強迫による取消しを主張できない（会社51Ⅱ・102Ⅵ）（補完的効力）。以上に加えて，吸収合併消滅会社の吸収合併による解散は，吸収合併の登記の後でなければ，これを第三者に対抗することができない（会社750Ⅱ・752Ⅱ）。

3-5-3 不実登記の効果（9Ⅱ，会社908Ⅱ）

商業登記の効力は登記された事実が存在することを前提として，その登記の有無による効力を問題にしているのであって，基礎となる事実が存在しなければ，登記がなされても全く効力を生じない。また，9条1項・会社法908条1項のもとでは，登記は登記された事項が真実であるとの事実上の推定力を有するにすぎず，法律上の推定力を有するものではない。

しかし，それでは公衆は登記を信頼することができず，確実を期するためには，結局いちいち事実の探索をしなければならず，取引の迅速・安全を害する。そこで商法は登記を信頼した者の保護のために登記申請者の利益をも考慮に入れつつ，故意または過失により不実の事項を登記した者は，その事項が真実に反することを善意の第三者に対抗できないものとした（9Ⅱ，会社908Ⅱ）。これは外観理論ないし禁反言法理に基づいて登記に一種の公信力を認めたものである。

第 3 章　商業登記

3-5-3-1　9 条 1 項または会社法 908 条 1 項との関係

9 条 1 項または会社法 908 条 1 項は，登記された事実が現実に存在することを前提としているのであって，基礎たる事実が存在しなければ登記がなされても何らの効力を生じない点で，いわゆる確保的効力または宣言的効力を有するにすぎない。

これに対し，9 条 2 項および会社法 908 条 2 項は，登記すべき事項について不実の登記がなされている場合に，取引安全確保のために登記に一種の公信力を認めたものである。

3-5-3-2　9 条 2 項・会社法 908 条 2 項の適用要件

(1)　だれが対抗できないのか

登記申請者（登記義務者）である。ただし，自己に関する登記をすることに承諾を与えて登記義務者が事実に反する登記をすることに加功した者も登記が事実に反することを善意の第三者に対抗できない（最判昭和 47・6・15〈9 事件〉[186]）。

(2)　故意・過失に基づく不実の登記

故意とは不実であること（登記事項として登記されている事項が真実に合致していないこと）を知りながらあえて不実の登記をしたことをいい，過失とは不注意により不実であることを知らないで登記したことをいう。

自己の故意または過失によらない不実の登記が存在する場合でも，その事実を知りながら放置し，または重大な過失でその事実を知らずに放置しておいた場合には登記義務者に 9 条 2 項または会社法 908 条 2 項の適用がある。なお，登記事項に変更が生じたにもかかわらず，不注意のためその変更登記をしなかった場合もこの要件を満たすかについては，満たすという見解もあるが，9 条 1 項前段または会社法 908 条 1 項前段の問題であると考えるべきであろう（取締役の対第三者責任〔会社 429〕との関連での議論については，前掲最判昭和 47・6・15，最判昭和 63・1・26〈10 事件〉のほか，弥永・会社法 *5-12-4-6* 参照）。

(3)　第三者の善意

善意とは，登記を見てそれを真実であると積極的に信頼したことは必要でないが，登記の基礎となっている事実について信頼をよせていることが必要である，すなわち，不実の登記事項と同一の事項について善意であれば足りるとす

るのが有力説である（服部488，大隅284）。これは，当該事項について善意であれば，通常その事項について真実の登記がなされているものと考えるであろうからである（東京地判昭和31・9・10下民集7巻2445）。これに対して，外観を信頼した者を保護するという趣旨からは，登記を実際に見て信頼したことが必要であるという見解がある（鴻246）。

　なお，9条2項または会社法908条2項によって第三者が保護されるためには無過失でなくともよい。

第4章 商　号

4-1　商号の意義

　商人（会社・外国会社を除く）がその営業上[1]自己を表示するため[2]に用いる名称または会社もしくは外国会社の名称（会社6Ⅰ・5）を商号という[3]。名称であるから文字[4]をもって表示できるものでなければならない。

4-2　商号選定自由の原則（11）とその例外

4-2-1　商号選定自由の原則

　商人は，原則として自由に商号を選定できる。

　しかし，一般公衆は，商号を手がかりとして企業主体や企業の内容を識別するのがふつうであるから公衆の利益を保護するため，商号による表示と実際の企業主体・企業内容を一致させることが適当である。

　また，長期間かけて形成された得意先関係や営業・事業の名声は商号と結び

---

1) 営業活動を開始していなくとも，準備行為がなされていれば，商号は成立する（大決大正11・12・8民集1巻714）。
2) 商標（自己の商品を他人の同種商品と区別するために用いる文字，図形，記号など）や営業標（営業を表示するために用いる記号）と区別しなければならない。
3) 自然人である商人の場合，営業活動上自己を表示するためには必ずしも氏名と異なる商号を用いる必要はなく，氏名を用いてもよい。
4) 11条は「その氏，氏名」をもって商号とすることができると定めており，外国文字でもよいと解するのが自然であり，平成14年法務省告示第315号により，ローマ字，アラビア数字などを含む商号の登記も可能となった。

付くため，商号は顧客吸引力などをもち，経済的価値を有するに至る。たとえば，相続または営業譲渡・事業の譲渡により営業者の変更を生ずる場合に，従前の商号の続用が認められないとすれば，商号の経済的価値は損なわれてしまう可能性がある。

現行法は，従来，屋号が商号として用いられ，その選定は自由であったという沿革および商人の利益保護の観点から，商号自由主義を採用しているが，公衆の利益が害されるのを防ぐため以下のような例外を定めて商号自由主義を制限している。

4-2-2 商号選定自由の原則の例外

(1) **会社企業の商号に関する制限**（会社6ⅡⅢ・978①）

会社は，その商号中に，会社の種類に応じて，それぞれ，株式会社，合名会社，合資会社または合同会社という文字を用いなければならない。会社は，その商号中に，他の種類の会社であると誤認されるおそれのある文字を用いてはならない。

特定の種類の会社であることを商号中で明示することが，第三者の保護の観点から，とりわけ社員の責任などの関連において要求されるからである。

(2) **個人企業の商号に関する制限**（会社7・978②）

会社でないものは，その名称または商号中に会社であると誤認されるおそれのある文字を用いてはならない（会社の事業を譲り受けた場合でも同様である）。個人企業が会社企業のような外観をとることを防止するためである。

(3) **営業の主体を誤認させる商号選定の禁止**（12，会社8）

不正の目的をもって，他の商人または他の会社であると誤認されるおそれのある名称または商号を使用してはならない（*4-3-2*参照）。

(4) **商号単一の原則**

① 会社企業の場合　　会社の商号は常に1つに限られる。会社にとって，その商号は，その会社の名称であるから，会社の人格が1個である以上，商号は1個に限られるのが当然だからである。

② 個人商人の場合　　同一営業について1つに限られる（大決大正13・6・13民集3巻280は営業所ごとに1個の商号を有することができるとするが，通説は反

対)。商号は，営業の同一性の認識の標準となるものであり，1つの種類の営業について複数の商号を用いることができるとすれば，一般公衆に誤解を与えるおそれがあるからである。また，商人が同一営業所における単一の営業につき複数の商号を選定することができるとすれば，他人の商号選定の自由を不当に制限し，取引上弊害を生ずる可能性がある。

4-3　商号権の保護

4-3-1　商号権の法的性格

(1)　商号権の二重的性格――人格権的性質と財産権的性質

商人（会社・外国会社を含む）がその使用する商号について有する権利を商号権という。

商号権は商人が自己を表章する名称について有する権利であるから，氏名権と同じように人格権的性質を有する。同時に商号は営業において商人を表章する名称，会社・外国会社の名称であるから，商号権は財産権的性質を有する。

商号権の侵害に対して信用を回復するための措置が法律上用意されているのは（不正競争3・4）その人格権的性質により，また商号権の譲渡が認められるのはその財産権的性質によるものである。

(2)　商号使用権と商号専用権

商号権は積極的効果としての商号使用権と消極的効果としての商号専用権からなる。商号使用権とは，他人に妨害されることなく商号を使用することができる権利[5]をいい，商号専用権とは，他人が同一または類似の商号を不正に使用することを排斥する権利をいう。

　①　**商号使用権**　　商号を選定した者は，登記の有無にかかわらず，他人に妨害されることなく商号を使用することができる。したがって，商号の使用に対する違法な妨害は不法行為となり（民709），また，以後同一商号を選定しかつ登記した者があっても，この者から使用差止めを請求されることはない

---

[5]　商人は，適法に商号を選定使用する限り，その商号の登記の有無にかかわらず商号使用権を認められる。

第4章 商 号

表 4-1 12 条・会社法 8 条と不正競争防止法の要件等の比較

	12 条・会社法 8 条	不正競争防止法
保護の対象	名称または商号(商号の登記の有無を問わない)	・需要者の間に広く認識されている氏名,商号(登記の有無問わない)等[商品等表示](2条1項1号) ・著名な商品等表示(2条1項2号)
使用禁止の対象となる名称・商号	他の商人または他の会社であると誤認されるおそれのある名称または商号	同一または類似の商号等
	一般取引市場における一般人の判断を基準として営業の混同誤認を生ずるおそれのある商号を意味し,同一か否かを判断するにあたっては,商号・名称自体を比較するのみならず,取引界の実情を考慮に入れることができる。	
相手方の主観的意図	不正の目的(ある名称を自己を表わす名称または商号として使用することにより,一般公衆に自己の営業・事業をその名称によって表示される他人の営業・事業と誤認させようとする意図をいう〔多数説〕)	不 要 (ただし,損害賠償請求には故意・過失〔4条〕が要件)
	名称の被冒用者たる相手方が同一営業・事業を営んでいない場合でも「不正の目的」は存しうる。	
商号・名称の周知性	特に要件とされていないが,商号・名称の周知性,すなわち,使用の差止めを求める者の商号・名称について名声・信用のあること,相手方がこれについて知っていることは,不正の目的あるいは利益を害されるおそれを認定するための当然の前提であり,一定程度の周知性がない場合には問題となりえない。	必 要
挙証責任	商号・名称の使用差止めを求める者(利益を害されていることまたはそのおそれを立証しなければならない)	
効 果	使用差止請求 (登記の抹消請求を含む) 損害賠償請求	

(不正の目的がないと考えられるため)。

　② **商号専用権**　商号を選択した者は,未登記の商号についても他人が同一または類似の商号を不正に使用することを排斥することができる。後述するように,12条,会社法 8 条または不正競争防止法によって商号の排他的効力が認められる。

4-3-2　誤認させるおそれのある商号・名称の使用の禁止

> **[ケース3]**
> 　Aは和菓子の製造販売を目的とする「合資会社竹屋」を，昭和30年に藤沢市で設立し，現在まで営業している。その会社が製造販売している「竹屋まんじゅう」という名称の菓子は，藤沢市および近隣の市町村では有名であり，合資会社竹屋も有名であった。ところが，Aの使用人であったBが昭和40年ごろ，Aには無断で茅ケ崎市で「竹屋総本店株式会社」を設立し，商号を登記し，和菓子（「竹屋まんじゅう」という菓子を含む）の製造販売を始め，藤沢市に店を設けた。
> 　(1)　AはBに対してどのような請求ができるか。
> 　(2)　竹屋総本店の和菓子が，Bの才覚により全国的に知られるに至り，竹屋総本店が全国的に有名になった段階ではどうか。

　不正の目的をもって他の商人または他の会社であると誤認されるおそれのある名称・商号を選定・使用することは許されない（12Ⅰ，会社8Ⅰ）。

　誤認するおそれのある第三者ないし一般公衆を保護することもさることながら，無断で名称を使用されるその商人の氏名権または商号権を保護する必要があるからである。もっとも，平成17年改正前商法と異なり，保護の客体・差止請求等の主体は商人（会社・外国会社）に限定されている。これは，商法は商人の営業，商行為その他商事について定める法律であり（1Ⅰ），会社法は会社の設立，組織，運営および管理について定める法律だから（会社1），商人以外の者を保護の客体とすることは不自然だからである。また，商人以外の者の氏名・名称は，人格権やパブリシティ権などに基づいて保護されることが期待できるからである（郡谷＝細川・商事法務1741号38）。

(1)　要　件

　① **不正の目的**　他の商人の氏名権または商号権を侵害する意思を必要とせず，他の商人の営業・事業であるという誤認を生じさせて，自己の企業活動を有利に展開しようとする意思で足りる（最判昭和36・9・29〈13事件〉[82]）。もっとも，不正な活動を行う積極的な意思があることは必要とされる（知財高判平成19・6・13判時2036号117）。

　なお，名称を冒用する者と名称を冒用される者とが同一営業・事業を営んでいない場合でも「不正の目的」は存在しうる。[ケース3]の場合には，Aの商

号が藤沢市およびその近隣で周知であったことから，Ｂの「不正の目的」は「事実上」推認されるであろう。

②　他の商人または他の会社であると誤認させるおそれのある名称・商号の使用
他の商人の氏・氏名その他の名称あるいは商号を自己を表す名称・商号等として使用することをいう。［ケース3］の場合は，「合資会社竹屋」と「竹屋総本店株式会社」とは主要部分で一致するから，この要件を満たす。

(2)　効　果

12条1項または会社法8条1項に違反して名称または商号を使用する者に対して，それによって営業上の利益を侵害され，または侵害されるおそれのある商人または会社はその使用差止めを請求することができる（12Ⅱ，会社8Ⅱ）。［ケース3］では，ＡはＢに対して藤沢市およびその近隣市町村における商号およびそれを含む商品名の使用差止め（登記の抹消・変更を含む）（(2)の場合は，それ以外の地域での差止請求めはできないと考えるべきであろう）を請求できる。

また，氏名権ないし商号権の侵害が不法行為の要件を満たす限り，一般不法行為に基づく損害賠償請求（民709）が可能である。もちろん，12条2項および会社法8条2項は不法行為が成立しない場合にも適用される。

4-3-3　不正競争防止法による保護

需要者の間で広く認識されている他人の商号（登記の有無を問わない）等〔商品等表示〕と同一または類似のものが使用等されている場合には，これによって営業上の利益を害され，またはそのおそれのある者は，その侵害の停止または予防を請求することができる（不正競争2Ⅰ①・3）。他人の著名な商品等表示を自己の商品等表示として用いる場合も同様である（不正競争2Ⅰ②）。

故意または過失によって不正競争を行って，他人の営業上の利益を侵害した者は損害賠償責任を負う（不正競争4）。

［ケース3］の場合には，藤沢市および近隣市町村で有名である以上，「需要者の間に広く認識されている」という要件を満たし（不正競争2Ⅰ①），ＡはＢに対して藤沢市およびその近隣市町村での商号およびそれを含む商品名の使用差止め（登記の抹消・変更を含む）を請求できることはもちろん，Ｂには少なくとも過失があるから，損害賠償請求もできる（なお，**4-3-2(2)**も参照）。

4-4　商号の登記

4-4-1　商号登記の自由と商号登記義務

(1) 商号登記の自由

商号は、その商号を使用する商人のみならず一般公衆にとっても企業取引上重要事項であるから、登記事項の1つとされている（11Ⅱ）。

しかし、個人企業の場合は登記をするかどうかは一般に当事者の自由に委ねられている。

(2) 商号の登記義務

① 登記商号の変更・廃止の際の登記義務（10）
② 会社企業の商号登記義務（会社911Ⅲ②・912②・913②・914②）

4-4-2　同一商号・同一住所の登記排除（商登27）

商号が他人の既登記商号と同一であり、かつ、その営業所（会社の場合は本店）の所在場所が、その他人の商号の登記に係る営業所の所在場所と同一であるときは、そのような商号の登記をすることができない（商登27）。これは、法人は、その住所と商号によって特定されるため、同一商号・同一住所の会社が複数存在することを認めることは不適切だからである[6]。

4-5　商号の譲渡

4-5-1　商号の譲渡性とその制限

商号は、企業または商人の信用を化体しているため、商号権は財産的価値を

---

[6] 類似商号規制（平成17年改正前商法19・20）には、迅速な会社設立手続を阻害していること、定款における目的の審査が厳格になるため、起業や事業目的の変更・追加の障害となっていること、過剰な規制となっている場合があることなどの弊害が認められ、平成17年改正により、類似商号規制は撤廃された。したがって、今後、商号は商法12条・会社法8条および不正競争防止法により保護されることになる。

有するのが普通であり，商号権は譲渡性を有するものとされ，また相続の対象とされている（商登30Ⅲ）。

しかし，商人（会社・外国会社を除く）の商号は営業とともにする場合，または営業を廃止する場合に限って譲渡することができる（15Ⅰ）。これは，商号は社会的・経済的にみた場合，営業（企業）の名称としての機能を有するから，営業を廃止せず，商号を営業と離れて単独に譲渡することを認めると，ある商号がある商人のある営業を表していると一般公衆が誤認するおそれが強いからである。

4-5-2 商号の譲渡手続

意思表示（民176）のみによって商号を譲渡できるが，会社の商号の譲渡の場合，定款変更の手続をとり，従前の商号を新商号に変更しておくことが必要である。また，商号の譲渡は，譲渡の登記を経なければ第三者（善意・悪意を問わず）に対抗できない（15Ⅱ）。

4-6 商号の廃止および変更

登記した商号を廃止し，または変更した場合には，廃止・変更登記を行わなければならない（10）。

そして，商号の登記をした者が，登記した商号を廃止したときにその商号の廃止の登記，正当な事由なく2年間当該商号を使用しないときにその商号の廃止の登記，登記した商号を変更したときにその商号の変更の登記，または，商号の登記に係る営業所を移転したときにその営業所の移転の登記をしないときは，その商号の登記に係る営業所（会社については本店）の所在場所において同一の商号を使用しようとする者は，登記所に対し，その商号の登記の抹消を申請することができる（商登33Ⅰ）。

なお，会社法908条1項によると，会社の商号変更登記前においては，その商号変更をもって善意の第三者に対抗できないが，対抗できないのは商号変更の事実についてであって，その会社の存在や会社の同一性まで主張できないということまでも意味するものではない（最判昭和35・4・14民集14巻5号833［75］）。

4-7 名板貸

　ある商人（名板貸主）が，他人（名板借人）に自己の商号を使用して営業または事業を行うことを許諾することを名板貸という。

　名板貸によって企業活動を行う者（企業主体）は名板借人であるが，取引関係においてその名義人である名板貸主を企業主体と信じて取引する者が現れることは十分ありうる。そこで，そのような外観を信頼した第三者に対して取引の安全の見地から，名板貸主も名板借人と連帯して責任を負う（14，会社9）。禁反言（一度した表示に反する主張は許されない）または外観法理のあらわれの1つである。

[ケース 4]
　Aは，B会社が経営するスーパーマーケットの屋上にあるCペットショップ（Eが経営するものであって，BC間ではテナント契約があった）からインコ一羽を購入したところ，そのインコがオウム病菌を保有していたため，Aの子Dがオウム病で死亡した。AはBに対して損害賠償を請求できるか。なお，Cが用いていた包装紙，Cの従業員の制服はBのそれらとは異なっていた。

[ケース 5]
　A会社は大阪出張所を設け，主任者としてBを置き，A会社の取引に関する業務を行わせていた。3年ほどしてから，A会社は大阪出張所を廃止し，その事務所・電話等の設備をBに譲渡し，Bに得意先も引き継いだ。その後，Bは，A会社大阪出張所の名称を用いた看板，印，取引用紙を引き続き用いて取引をしていた。ところが，BはCに対する営業上の債務を履行しない。CはA会社にその債務の弁済を求めうるか。

4-7-1　14条・会社法9条適用の要件

(1)　名板貸主の商号の使用（外観の存在）

　平成17年改正前商法23条と異なり，名板貸主が商人（会社・外国会社を含む）であり，かつ，自己の商号の使用を許諾することが要件とされている（14，会社9）[7]。これは，商法が商人の営業，商行為その他商事について定める法律

---

7)　たしかに，商法改正などによって，名板貸主が商人であることが要件とされたことからは，名板貸主が商人でない場合には類推適用されない〔この場合には，表見代理など

第4章 商　号

であり（1 I），会社法が会社の設立，組織，運営および管理について定める法律である（会社1）ことに鑑みたものである（郡谷＝細川・商事法務1741号38）。

　もっとも，名板貸主の商号をそのまま使用する必要はなく，付加語を加えたり，簡略化した場合にも名板貸主の責任が生ずることがある（最判昭和33・2・21民集12巻2号282）。

　他方，名板貸主が現にその商号をもって営業を営んでいるか，または，従来その商号をもって営業を営んでいた場合には，特段の事情のない限り名板借人の営業が名板貸主の営業と同種であることが必要である（最判昭和43・6・13〈16事件〉[85]）8）。なぜなら商号は，法律上，特定の営業につき特定の商人を表す名称または会社もしくは外国会社の名称であり，社会的には当該営業・事業の同一性を表示し，その信用の標的となる機能を営むものであり，14条または会社法9条はこのような事実に基づいて，商号に対する第三者の信用を保護し，外観を作出した者に責任を負わせるものだからである。

　［ケース4］の場合には，CはBの商号などを用いていなかったので会社法9条の問題ではなく，かつ，Cが用いていた包装紙，Cの従業員の制服はBのそれらとは異なっていたという事情があり，Aが営業主体をBであると誤認するのもやむを得ない外観が存在していたとは思われないから，会社法9条の類推適用の余地もないように思われる。しかし，おおむね，このケースと同じ事案について，判例（最判平成7・11・30〈17事件〉）は，営業主体がBであると誤認するのもやむを得ない外観が存在したと認定した。おそらく，これは，消

　　民法の一般原則による〕と解すべきである。しかし，取引において外観を信頼した者の保護という観点からは，名板貸主の商号であった名称を用いて名板借人が営業・事業を行う直前まで名板貸主が商人であった場合（最判昭和43・6・13〈16事件〉[85]参照）や名板貸主の氏や氏名・名称の使用を許諾した場合（537，会社613参照）にも，14条・会社法9条は類推適用される余地があると解するべきであろう。

8）　近時の多数説は，営業・事業の同種性は名板借人の取引の相手方に営業主体・事業主体の誤認につき重過失があったか否かを判断する一材料にすぎないとする（服部218，大隅207）。これは，商号が営業の名称でないこと，平成17年改正前商法23条（現在の商法14条・会社法9条が相当）は営業・事業の同種性を明文上は要件としていないこと，名板貸主が営業をなしていることを前提としていないことを根拠としていた（平成17年改正後商法および会社法では名板貸主は商人でなければならないので，最後の根拠は必ずしも妥当しなくなった）。

費者取引という実態に注目したものであり，かつ，被害者救済の必要性が高かったという特殊事情に基づくもので一般化はできないであろう（ホテル内出店マッサージ店の過誤につき会社法9条を類推適用した大阪高判平成28・10・13金判1512号8も参照）。

(2) **名義使用の許諾および他人が「営業又は事業を行うこと」についての許諾（帰責事由）**

① **名義使用の許諾**　名板貸主の帰責事由として，商号使用を許諾したこと，すなわち，第三者による誤認（名板貸主が営業主体・事業主体であるという）の可能性のある外観を作出したことを要する。

ただし，商号使用の許諾は明示であることを要せず黙示の許諾であってもよい。黙示の許諾と判断するためには商号使用の放置，不阻止（不作為）のみならず，付加的事情（たとえば，名板貸主と名板借人が同じ場所で同時に営業をしていたこと，自己の事務所の使用を許容していたこと，名板借人が名板貸主の看板を使用し，店内の机，イスをそのまま使用していたことなど）も考慮しなければならない。すなわち，一般の第三者による誤認の可能性との関連において，不作為または放置することが社会通念上妥当でないと考えられる状況のもとにおける不作為が黙示の許諾とされる（大阪高判昭和37・4・6下民集13巻4号653参照）。

［ケース5］の場合，大阪出張所を廃止する前にBにA会社のために業務を行わせていたこと，およびBにAの看板，印，取引用紙をそのまま使用させていたことから，黙示の許諾があったと考えられるであろう。

なお，名板貸主の責任は，商号使用の許諾があった場合に認められるものであり，この責任が認められる根拠は外観法理または禁反言の法理に基づく第三者の信頼保護にあるから，第三者の誤認可能性が取り除かれない限り，許諾の撤回の効果は認められない。すなわち，許諾の撤回の効果を認めるためには，商号の使用許諾に伴う状況および環境を取り除くことが必要である。

② **営業または事業のためにする商号使用**　使用の許諾は，自己の商号を使用して他人が「営業又は事業を行うこと」についてなされていなければならない（最判昭和42・6・6判時487号56。なお，14条・会社法9条の責任が外観に対する信頼の保護に基づくものである以上，名板借人が商人である場合に限定する積極的理由は乏しいから，名板借人が非商人の場合も14条・会社法9条を類推適用すべきであ

る)。ただし，現実には営業自体のためには使用されず，手形行為のみにその名義が使用された場合に14条・会社法9条の類推適用を認めた判例（最判昭和55・7・15〈14事件〉[87]）がある。手形行為と14条・会社法9条の関係については，弥永・手形法 PART Ⅱ 第3章〈補論1〉参照。

(3) 第三者の誤認（外観への信頼）

相手方が名板貸主を営業主体ないし取引主体と誤認して名板借人と取引をしたことを要する。そして14条・会社法9条は特に過失に言及していない以上，過失があっても14条・会社法9条の適用があると考えるべきである反面，信頼は保護に値するものでなければならないから，軽過失があるにすぎないときは相手方は保護されるが，保護に値しないような重大な過失があるときは保護されないと考えるべきであろう（最判昭和41・1・27〈15事件〉[86]）。

4-7-2　名板貸主の責任の範囲

名板貸主は名板借人がなした「取引によって」生じた債務につき，名板借人と連帯して責任を負う。

(1) 取引によって生じた債務の責任

① **「取引によって」生じた債務**　　取引によって直接生じた債務のほか，名板借人の債務不履行による損害賠償義務も含まれ，契約解除による原状回復義務・手付金返還義務も含む。

② **不法行為と「取引によって」生じた債務**　　14条・会社法9条によれば，名板貸主が名板借人の負担した債務につき連帯して弁済の責任に任ずるのは，その債務が名板借人と第三者間の「取引によって生じた債務」であるから，名板借人の不法行為による損害賠償債務については，原則として14条・会社法9条は適用されないとするのが一般的な解釈である。しかし，不法行為にも，自動車事故のような純然たる事実行為としての不法行為と，詐欺的行為のような取引行為の外形をもつ不法行為とがある。そして，自動車事故のような純然たる事実行為としての不法行為の場合には，その被害者の損害と営業主が誰であるかという外観の信頼という契機がないから，14条・会社法9条の規定を類推適用することは相当でない（最判昭和52・12・23民集31巻7号1570[88]）。

しかしながら，取引行為の外形をもつ不法行為，たとえば名板借人の詐欺的

取引により損害が発生したというような場合は、その損害は相手方が事実上取引をしなければ生じなかった損害であり、しかも名板貸主が営業主体・取引主体であるという外観を信頼したためになされた取引である以上、その損害と外観の信頼との間には因果関係があるはずである。14条・会社法9条が外観に対する信頼保護の規定であるとすれば、このような場合の被害者の信頼はまさにこの規定によって保護されるべきではなかろうか。名板借人により詐欺的行為が行われた場合のように、取引行為の外形をもつ不法行為により発生した損害賠償債務について、14条・会社法9条の適用を認める見解が通説的であり、判例（最判昭和58・1・25判時1072号144）もこの立場を採用している。

　なお、不法行為責任が問題となる場合には、使用者責任（民715）の成立の可能性も検討する必要がある。

(2) 許諾の範囲を越えた取引と名板貸主の責任

　他人（名板借人）に自己の商号を使用して営業または事業を行うことを許諾し、名板貸主の営業・事業であるかのような外観を作出したことが、名板貸主の責任の根拠であるから、名板貸主の負う責任の範囲は、名板貸主が許諾した取引の範囲に限定されると解するべきである（最判昭和36・12・5民集15巻11号2652）。代理権を与えた場合とは異なり、名板貸主のために名板借人は活動することが予定されているのではないのだから、表見代理の場合に比べ、取引の相手方の保護の範囲は狭くてもよいと思われる（具体的事案において表見代理の要件が満たされる場合には、表見代理の成立が認められることはいうまでもない）。

第5章 営業譲渡・事業の譲渡

5-1 営業譲渡・事業の譲渡の意義

5-1-1 客観的意義における営業・事業

　一定の営業目的により組織化された有機的一体として機能する財産を客観的意義における営業[1]といい，この営業の有機的一体性を基礎付けるものは財産的価値を有する事実関係[2]であって，これによって，営業はそれを構成する個々の財産の価値の総和よりも高い独自の価値をもつことになる。客観的意義における営業は営業譲渡の対象となるほか，営業の賃貸借[3]，経営の委任[4]

---

1) 主観的意義における営業とは，継続的営利活動，すなわち利益を得る目的で同種の行為を反復継続して行うことをいう。
2) 得意先関係，経営組織等の事実関係あるいはノウハウなど，客観的かつ個別的に評価できない事実関係を一般にのれんといい，判例（大判大正14・11・28民集4巻670）はのれんの侵害について不法行為の成立を認めている。
3) 営業・事業の賃貸借とは客観的意義における営業・事業の全部または一部を他人に賃貸する契約である。賃借人に営業・事業につき使用・収益させる義務を賃貸人は負い，賃貸人に賃料を支払う義務を賃借人は負う（民601）。営業財産・事業財産の所有権の移転は行われないが，賃貸人は営業財産・事業財産の占有を移転し，得意先・仕入先の紹介やノウハウの伝授を行う。賃借人は，「自己の名をもって」自己の計算で営業する権利を取得する。
　　会社が事業全部の賃貸をする場合には，後述する事業の譲渡の場合と同じ手続が必要である（会社467Ⅰ④・590Ⅱ）。
　　なお，営業譲渡人・事業の譲渡会社の競業避止義務の規定（16，会社21）は賃貸人に類推適用されるべきであり，また，営業譲渡・事業の譲渡に関する商法17条・18条および会社法22条・23条の規定は営業・事業の賃貸借に類推適用されるべきであるとするのが通説である。

の対象となりうるし、理論的には担保権[5]の対象となる。

　会社法上の「事業の譲渡」における事業についても、現段階では（ただし、「営業」と異なり「事業」には非営利のものを含むと解されることによって差が生ずる可能性を指摘するものとして、神作・ジュリ1295号138など参照）、客観的意義における営業と基本的には同じく解してよいと考えられる。複数の営業を行うことができる個人商人と異なり、会社は1個の営業を行うものと考えられてきたことに鑑み、会社が行うビジネス全体を指すものとして、会社法は「事業」という語を採用し、商人の「営業」と会社の「事業」とは区別されているが、譲渡の対象となる会社の「事業」も一定の事業目的により組織化された有機的一体として機能する財産にほかならないからである。

5-1-2　営業譲渡・事業の譲渡

　客観的意義における営業・事業（一定の営業・事業目的により組織化された有機的一体として機能する財産）の移転を目的とする債権契約を営業譲渡・事業の譲渡という。

　客観的意義における営業・事業は、これを構成する個々の財産の価値の総計を超える価値を有するから、営業・事業の解体による価値の減少を避ける必要がある（必要性）。また、営業・事業それ自体として客観性を有するから、営業主体・事業主体である会社の変更により営業・事業自体の同一性はほとんど影響を受けず、取引の客体として取り扱うことが可能である（許容性）。そこで、客観的意義における営業・事業を構成する個々の財産を各別に処分するのでな

---

[4]　営業・事業の経営を他人に委託する契約を経営の委任という。この場合、営業・事業は「委任者の名をもって」行われるが、委任者の計算で行われる場合（経営管理契約）と受任者の計算で行われる場合（狭義の経営委任）とがある。
　　経営の委任には、営業・事業の賃貸と同じ手続が要求されると考えるべきである。
　　営業は委託者の名で行われるから、商法17条・18条および会社法22条・23条を類推適用する必要はないが、狭義の経営委任の場合には、受任者の計算で行われるから、委託者は営業譲渡・事業の譲渡の場合に準じて競業避止義務を負うと解すべきである。

[5]　営業・事業を1個の担保権の目的とするための法律が存在せず、かつ、対抗要件としての登記を備える途が開かれていないため、現実には営業・事業を担保とする取引は行われていない。

く，組織的一体性を保持したまま営業・事業を移転するのが営業譲渡・事業の譲渡である。

(1) **営業譲渡・事業の譲渡の性質**
　物・権利・事実関係を包含した有機的一体として機能する財産を譲渡することが営業譲渡・事業の譲渡の本質である。少なくとも，事実上，譲受人は営業財産・事業財産の移転により，その営業につき譲渡人の営業者としての地位を引き継ぐこととなる。そこで，営業・事業の譲渡は，対象となった財産によって譲渡人が営んでいた営業・事業活動の全部または一部を譲受人に引き継ぐという面を併せもつ（最大判昭和40・9・22〈18事件〉[164]）。

(2) **営業譲渡・事業の譲渡の態様**
　① **営業・事業の全部譲渡と一部譲渡**　個人が数個のそれぞれ独立した営業を営んでいる場合に，その中の1個を全体として譲渡するときは，それは営業の全部譲渡であって一部譲渡ではない。しかし，会社が数個のそれぞれ独立した事業を営んでいる場合に，その中の1個を全体として譲渡するときは，それは事業の全部譲渡ではなく，会社法467条1項2号にいう一部譲渡である。会社の場合，独立した数個の事業を営む場合であっても，それらすべての事業を合わせたものが，当該会社がする1個の事業として認識されるからである。
　② **営業譲渡・事業の譲渡と営業用財産・事業用財産の譲渡**　営業譲渡・事業の譲渡は（のれんまたは事実関係の移転を含む）組織的一体としての企業財産の譲渡であり，単なる営業用財産・事業用財産の譲渡は個々の財産またはその集合物の譲渡にとどまる。ただし，組織的一体としての企業財産の一部が譲渡人のもとに留保されても，社会通念上営業が同一性を維持しつつ移転されていれば，営業譲渡・事業の譲渡であるといえる。
　③ **支店・工場などの譲渡と営業・事業の一部譲渡**　支店などの営業所または工場の設備その他の営業用財産・事業用財産を一括譲渡することは，多くの場合，営業・事業の一部譲渡にあたる。また，たとえ営業所という程度に達しない出張所・売店等でも，それが経営的または技術的見地から一体として組織化されて機能する財産を形成している場合には営業・事業の一部譲渡となりうる。すなわち，譲渡の対象としての営業でありうるためには，現にそれが本社・本店から分離されたうえで，経営されているという独立性を備えているこ

第5章　営業譲渡・事業の譲渡

とは必ずしも必要でなく，そのように独立して経営できる基礎となりうるような程度の組織的一体として機能する財産が存在すれば足りる。

(3)　営業譲渡契約・事業譲渡契約

個人企業の場合には，その個人が制限能力者の場合を除き，特に問題はないが，会社企業の場合には，その代表機関による契約締結行為のほか，その前提として会社の内部的意思決定が必要である。

　　①　**会社が事業の譲渡人である場合**　　株式会社においては，事業の全部譲渡または重要な一部の譲渡にあたる場合には，解散の前後を問わず，株主総会の特別決議を要する（会社467Ⅰ・309Ⅱ⑪）[6]。重要でない一部の譲渡であるが，重要な財産の処分にあたるときは，取締役会設置会社では取締役会の決議（会社362Ⅳ①。ただし指名委員会等設置会社では執行役に決定を委任でき〔会社416Ⅳ〕。監査等委員会設置会社では，取締役の過半数が社外取締役であるときまたは定款の定めがあるときは，取締役に決定を委任できる〔会社399の13ⅤⅥ〕）によって，それ以外の株式会社では，定款に別段の定めがあるときを除き，取締役が（会社348Ⅱ）決定する。

　他方，持分会社においては，定款に別段の定めがあるときを除き，社員の過半数をもって決定することができると解されるが（会社590Ⅱ），清算中に事業を譲渡するときも社員の過半数の同意が必要とされる（会社650Ⅲ）。

　　②　**会社が営業・事業の譲受人である場合**　　株式会社においては，他の会社の事業の全部を譲り受ける場合には株主総会の特別決議を必要とするのが原則である（会社467Ⅰ③・309Ⅱ⑪）。他の会社の事業の一部を譲り受ける場合あるいは会社以外の者からその営業の全部を譲り受ける場合は株主総会の特別決

---

6)　会社法467条1項1号2号にいう「事業の譲渡」が商法総則にいう「営業譲渡」と全く同じ意味であるかについては争いがある。判例（前掲最大判昭和40・9・22）は法律関係の明確性と取引の安全を図るという観点から同一の意義を有するとするが，有力説（竹内・百選〔第3版〕24事件解説）は，平成17年改正前商法245条1項1号〔会社法467条1項1号2号〕は株主保護を目的とするものであり，245条の趣旨からは営業活動の承継や競業避止義務の現実の存在を要件とすることは245条の適用範囲を狭く解しすぎることになることを指摘して，245条1項1号にいう「営業譲渡」（会社法467条1項1号2号の「事業の譲渡」）は，客観的にみて組織的・機能的な一体としての会社財産の譲渡を意味すると解するべきであるとしていた。

議は必要とされないが，重要な財産の譲受けまたは重要な組織の設置にあたるときは，取締役会設置会社では，取締役会の決議（会社362Ⅳ①④。ただし，指名委員会等設置会社では執行役に決定を委任でき〔会社416Ⅳ〕，監査等委員会設置会社では，取締役の過半数が社外取締役であるときまたは定款の定めがあるときは，取締役に決定を委任できる〔会社399の13ⅤⅥ〕）によって決定する。

他方，持分会社においては，規定は存在しないので，他の会社の事業の全部を譲り受けるときも，定款に別段の定めがあるときを除き，社員の過半数をもって決定することができる（会社590Ⅱ）。

(4) 当事者間における営業譲渡・事業譲渡の効果

営業譲渡・事業譲渡契約の締結により，譲渡人は当該営業・事業に属する各種の財産を譲受人に移転すべき義務を負う。当事者が移転すべき財産の範囲を定めなかったときは，営業・事業に属する一切の積極財産・消極財産を譲渡したものと推定される（大判明治33・11・7民録6輯10巻42）。

そして，この義務の履行の一環として，譲渡人は個々の財産に応じた格別の移転行為をしなければならない。すなわち，動産については引渡し（民178），不動産および商号については登記の移転（民177，商15Ⅱ），債権については債務者に対する通知（民467）を行う。また，のれんまたは事実関係の性質に応じて，譲受人がそれを利用しまたは享受できるよう，紹介，ノウハウの伝授などの措置を講じなければならない。他方，債務が移転される場合には，譲受人も債務の引受け，譲渡人のためにする履行の引受け（民474），債務者の交替による更改（民514）などの手続を行い，または協力しなければならない。

5-2　営業譲渡人・事業の譲渡会社の競業避止義務（16，会社21）

5-2-1　義務の性質と内容

営業譲渡人または事業の譲渡会社は，契約で別段の定めをしない限り，同市町村および隣接市町村内で20年間同一の営業または事業を行ってはならない（16Ⅰ，会社21Ⅰ）。ここで，市とは，東京都の特別区が存する区域および政令指定都市では「区」を意味する。このような規定が設けられたのは，営業譲

渡・事業の譲渡においては，営業財産・事業財産を移転すれば足りるというものではなく，譲受人がその営業から収益をあげることを譲渡人が妨げるべきではないと考えられるからであるが，これは当事者の合理的意思を推定したものであるから，営業譲渡人・事業の譲渡会社の競業避止義務を排除する特約も有効であると解される。

他方，最長30年間の競業避止義務を負う特約をすることができる（16Ⅱ，会社21Ⅱ）。このように競業避止義務の範囲について限度が設けられているのは，営業譲渡人・事業の譲渡会社の営業の自由を不当に制限すべきではないという価値判断に基づくものである。

さらに，1項・2項の制限に形式的には抵触しなくても，譲渡人・譲渡会社は不正競争の目的をもって同一営業・同一事業をすることはできないとされている（16Ⅲ，会社21Ⅲ）。これは，営業譲渡・事業の譲渡の趣旨に反するような営業・事業を譲渡人・譲渡会社がすることを禁止したものであり，譲渡人の競業避止義務を排除する特約をした場合に特に意義を有するし，同市町村または隣接市町村以外の地域でも譲渡人は不正競争の目的をもって同一営業・同一事業をすることはできないとするものである。ここで，「不正の競争の目的」は，譲渡人・譲渡会社が譲受人・譲受会社の営業上・事業上の顧客を奪おうとする目的で譲渡した営業・事業と同種の営業・事業をする場合などに認められる（大判大正7・11・6新聞1502号22）。

このようにして，商法・会社法は営業譲渡・事業の譲渡の実効性の確保と譲渡人の営業の自由（生活のかてを得ることができる）とのバランスを図っている。

5-2-2　競業避止義務違反の効果

譲受人は，譲渡人・譲渡会社が競業避止義務に違反して，営業・事業を行っている場合には，債務不履行または不法行為に基づく損害賠償を請求できるほか，差止めを請求できると解される。

5-2-3　他の者の負担する競業避止義務との比較

商法・会社法の明文の規定に基づいて，競業避止義務を負う者としては，営業譲渡人（16）および事業の譲渡会社（会社21）のほかに，支配人（23Ⅰ，会社

5-2 営業譲渡人・事業の譲渡会社の競業避止義務

表 5-1 さまざまな競業避止義務

	禁止される行為					許される要件
	営業・事業の部類に属する取引	業務執行社員・取締役・執行役となること		営業をすること	他の商人の使用人	
		同種の事業を行う会社	左以外の会社			
営業譲渡人・事業の譲渡会社	○*	×	×	×	×	特約**
支配人	○	○	○	○	○	商人の許可
代理商	○	○	×	×	×	商人(本人)の許可
業務執行社員	○	○	×	×	×	定款に別段の定めがない限り,他の社員全員の承認
取締役 執行役	○	×	×	×	×	取締役会の承認(取締役会設置会社) 株主総会の承認(取締役会不設置会社)

*　同一の営業・事業に限る。地域的・期間的限定あり
**　ただし,不正競争の目的がないこと

12Ⅰ),代理商(28Ⅰ,会社17Ⅰ),持分会社の業務執行社員(会社594),株式会社の取締役(会社356①・365Ⅰ),株式会社の執行役(会社419Ⅱ・356①)があり,解釈上,反対の特約がない限り,匿名組合の営業者は競業避止義務を負うとするのが多数説(西原181)である(**13-3**⑤)。

なお,営業譲渡人・事業の譲渡会社の競業避止義務は他の類型のそれとは異なり,基本契約(任用契約,雇用契約)存続中の義務ではないため,義務を負うべき期間が法定されていると考えられる。

(1) 支配人の競業避止義務

支配人は,商人の許可を受けなければ自ら営業を行い,もしくは自己または第三者のために商人の営業・事業の部類に属する取引をし,または一般的に,他の会社の業務執行社員,取締役,執行役または他の商人の使用人となってはならない(23Ⅰ,会社12Ⅰ)。このような競業避止義務は支配人が広範な代理権を有し,商人の営業に関与するものであり,商人と利益衝突を生ずるおそれがあることから認められる。また,営業をなすこと等の禁止は,商業使用人として商人のために専心勤務することを確保するために定められている。

なお，支配人以外の商業使用人にも競業避止義務を認める見解もあるが（鴻180），支配人以外の使用人の権限は狭くなっていること，および契約によって競業避止義務を課せば十分であることから，法律上当然に競業避止義務を負うと解する必要は必ずしもない。

(2) 代理商の競業避止義務

代理商は，商人（本人）のために平常その営業・事業の部類に属する取引の代理・媒介をなす者であるから（27，会社16），その職業上，本人の営業に関しては相当程度の知識を有するのが通常である。したがって，代理商がこの知識を利用して，本人の犠牲において自己または第三者の利益を図るおそれがある。そこで，代理商は，本人の許可を受けなければ自己または第三者のために本人の営業・事業の部類に属する取引をし，または同種の事業を行う会社の取締役，執行役または業務執行社員となってはならない（28Ⅰ，会社17Ⅰ）。

代理商は，独立の商人であり，その生活に支障をきたすことがないようにするため（ほかに仕事をして収入を得る），支配人よりも競業避止義務の範囲が狭い。また支配人と異なり，本人のために専心勤務することは期待されていない。したがって，本人との利益衝突を回避することが代理商の競業避止義務の趣旨となる。

(3) 持分会社の業務執行社員の競業避止義務

持分会社の業務を執行する社員（以下，業務執行社員という）は，会社における地位に基づいて知りえた会社営業に関する機密を利用して，自己または第三者の利益を図り，会社の利益を侵害するおそれがある。そこで，競業避止義務が負わされている（会社594）。業務執行社員については，原則として，会社の事業の部類に属する取引の禁止のほか，広く同種の事業を目的とする会社の取締役，執行役または業務執行社員となることが禁止され，(4)でみる取締役・執行役よりも広い範囲で競業避止義務を負っている。これは業務執行社員が持分会社の社員として，株式会社の取締役・執行役よりも会社の業務に対して精力を尽くすべき要請が強いからであるともいえるし，競業を認める必要性が少ないからであるともいえよう。

また，持分会社においては社員間の人的信頼関係が重視されることも一つの理由となろう。

(4) 株式会社の取締役，執行役の競業避止義務

　取締役・執行役は，会社の業務に直接関与する地位にあるため，その地位に基づいて知りえた会社の事業に関する機密を利用して，自己または第三者の利益を図り会社の利益を侵害するおそれがある。そこで，取締役・執行役は，取締役会設置会社では，取締役会の承認，取締役会設置会社以外の会社においては株主総会の承認を得なければ，自己または第三者のために，会社の事業の部類に属する取引をしてはならない（会社356①・365Ⅰ・419Ⅱ）。これは，会社と取締役・執行役との利益衝突がおこるおそれが最も高い場合のみを規制するものである。このように規制の範囲が狭いのは，取締役・執行役として有能な人材を確保するためであると考えることもできようし，同種の事業を目的とする会社の取締役・執行役を兼ねることが必要な場合（親子会社，系列関係等）があるからであるともいえる。また，取締役会設置会社において取締役会の承認という要件で競業を認めるのは，親子会社関係等を通じた事業展開を行う場合などには，機動的に承認を与えることが，会社にとってプラスになることがあるためである。

　なお，取締役会または株主総会の承認があっても，競業によって会社に与えた損害を賠償する義務を取締役・執行役は負う点で，他の類型における商人の許可等と取締役会または株主総会の承認とでは意義が異なる。他の類型における許諾権者は，競業により自己の利益を害される可能性がある立場にあるが，株式会社においては，会社ひいては株主の利益が競業によって害される可能性があるのであり，取締役の利益は必ずしも害されない。

5-3　営業譲渡・事業の譲渡と第三者

　営業財産・事業財産の一部を構成している債権・債務は所定の移転行為および対抗要件の具備によって営業・事業の譲受人に移転されうる。したがって，別段の定めがない限り，営業・事業の譲渡によって営業上・事業上の債権・債務は譲受人に移転し，譲渡人は無関係となるのが一般的である。しかし，契約自由の原則に基づいて，譲渡人・譲受人間の合意により，特定の債権・債務を移転対象から除外することは，営業・事業の組織的・有機的・機能的一体性を

第 5 章　営業譲渡・事業の譲渡

害しない限り認められる。このような場合には，特定の債権・債務は譲渡人に帰属することになる。

5-3-1　営業譲渡人・事業の譲渡会社の債権者の保護

(1)　譲受人・譲受会社が譲渡人・譲渡会社の商号を続用する場合

　17条1項および会社法22条1項・24条は，譲受人・譲受会社が譲渡人・譲渡会社の商号を続用する場合[7)8)]には，譲受人・譲受会社も譲渡人・譲渡会社の営業・事業によって生じた債務について弁済責任を負うとする（不真正連帯債務）。もっとも，この責任は，善意の営業債権者・事業債権者の保護を図ったもの（外観主義）であるから，譲受人・譲受会社が営業・事業の譲受け後，遅滞なく譲渡人・譲渡会社の債務について責任を負わない旨を登記したときには弁済責任を負わない。そして，このような登記をしない場合でも，営業譲渡・事業の譲渡の後，遅滞なく譲渡人・譲渡会社および譲受人・譲受会社の双方から第三者（譲渡人の債権者）に対して譲受人・譲受会社は責任を負わない旨を通知したときは，通知を受けた者に対して弁済責任を負わない（17Ⅱ，会社22Ⅱ・24）。これは，商号が続用される場合には，営業債権者・事業債権者は同じ商号の背後には同一の主体が存在することを予想し，営業主体・事業主体の交替を認識するのが困難なので，そのような営業債権者・事業債権者の信頼を保護し，不測の損害の発生を防止する必要があるからであると説明されている（最判昭和29・10・7民集8巻10号1795）。また，営業用財産・事業用財産は営業上・事業上の債務の担保となっていると考えられることも根拠となろう。さらに，譲受人・譲受会社が譲渡人・譲渡会社の商号を続用する場合には譲受人・譲受会社も譲渡人・譲渡会社の営業・事業によって生じた債務について弁済責任を負う意思を有していることが通常であると考えられる点も指摘されている。

　なお，譲渡人・譲渡会社と譲受人・譲受会社がいわば抜け駆け的に営業譲

---

7)　商号譲受の登記（15Ⅱ）は不要であり，事実上の商号の続用で足りる。
8)　会社の種類を示す文字を付加しただけでは続用がないとはいえないが（最判昭和47・3・2〈22事件〉[90] 参照)，最判昭和38・3・1〈20事件〉[89] は，会社の種類を異にし，かつ「新」という文字を付加したケースについて商号の続用はないとした。

渡・事業の譲渡を行うことを防止するという観点から，17条および会社法22条は，譲渡人・譲渡会社の商号を続用する譲受人・譲受会社は，17条2項または会社法22条2項が定める措置をとらない限り，当然に譲渡人・譲渡会社の営業上・事業上の債務をも引き受けたものと取り扱うことによって，17条2項または会社法22条2項が定める措置がとられるよう誘導するためのルールであるという指摘もある（落合・法教285号31）。

そして，最判平成16・2・20（〈21事件〉[92]）は，譲受人は譲渡人の商号を続用しなかったものの，預託金会員制のゴルフクラブの名称がゴルフ場の営業主体を表示するものとして用いられている場合において，譲受人が譲受け後遅滞なく当該ゴルフクラブの会員によるゴルフ場施設の優先的利用を拒否したなどの特段の事情がない限り，会員において，同一の営業主体による営業が継続しているものと信じたり，営業主体の変更があったけれども譲受人により譲渡人の債務の引受けがされたと信じたりすることは，無理からぬものというべきであるから，譲受人は，平成17年改正前商法26条1項（現在の商法17条1項および会社法22条1項）の類推適用により，預託金の返還義務を負うとした。もっとも，下級審裁判例は，17条1項および会社法22条1項・24条が債権者の誤認などを要件として定めていないことなどから，営業主体の交替を認識していたに違いない事案においても譲受人・譲受会社の責任を認めている（東京地判平成27・10・2判時2231号120頁，宇都宮地判平成22・3・15判タ1324号231頁など参照）。

「譲渡人の営業によって生じた債務」あるいは「譲渡会社の事業によって生じた債務」には，譲渡人・譲渡会社が営業上・事業上負担した不法行為による損害賠償債務が含まれ（前掲最判昭和29・10・7），また，17条および会社法22条は営業・事業の現物出資を受けた場合にも類推適用されると判例（前掲注8最判昭和47・3・2）・通説は解する（会社分割の場合にも，最判平成20・6・10判時2014号150は類推適用する）。譲渡と現物出資では，法的性質は異にするものの，いずれも法律行為による営業・事業の移転であり，その目的となっている営業・事業の意味は同一だからである。

なお，譲受人・譲受会社は債権者に弁済した場合には，譲渡人・譲渡会社に求償できる。

第 5 章　営業譲渡・事業の譲渡

(2)　譲受人・譲受会社が譲渡人・譲渡会社の商号を続用しない場合

> [ケース 6]
> 　A は B 電鉄株式会社の経営する京北線の電車に乗車中，乗務員のミスによりけがをした。ところがその後，京北線の営業は C 鉄道株式会社に現物出資されたが，A に対する不法行為債務は C 鉄道株式会社に引き継がれなかった。
> 　その後，C 会社が「今般弊社は B 会社から京北線の鉄道事業の現物出資を受け，C 会社として新発足することになりました」という新聞広告をした。

　譲受人・譲受会社が譲渡人・譲渡会社の商号を続用しない場合には，商号続用による主体の誤認・混同を生ずる余地はないので，17 条および会社法 22 条のような規定は設けられていない。しかし，営業上・事業上の債務の移転がなかったにもかかわらず（債務引受けなどの手続がとられない限り，譲受人・譲受会社が当然に債務者となることはない），営業上・事業上の債務を引き受ける旨の意思を有することを譲受人・譲受会社が広告したときは，譲受人・譲受会社はその債務の弁済責任を負う（18 I，会社 23 I・24）。これは外観法理または禁反言に基づくものである。

　広告の方法としては，新聞広告やちらしが典型的であるが，多数の債権者等に対する個別的な書状の送付でもよいとするのが通説である（ただし，最判昭和 36・10・13〈23 事件〉[93] の原審は，多数の者に対する挨拶状の送付は広告にあたらないとする）。

　債務引受広告であると解されるためには，債務引受けの文字を用いる必要はなく，社会通念上，広告の趣旨が営業上・事業上の債務を引き受けたものと債権者が一般に信ずるようなものと認められれば足りるとして，判例（前掲最判昭和 29・10・7）は，広告中に事業の譲受という文字が使われている以上，営業上・事業上の債務も引き受ける趣旨を包含するものと解しているが，通説は，そのような広告は，営業譲渡・事業の譲渡の事実の通知にすぎないと解している（前掲最判昭和 36・10・13 は業務の承継という文字が用いられているにもかかわらず，債務を引き受ける趣旨が含まれていないとした原審認定を是認している）。

　[ケース 6] については，判例（前掲注 8 最判昭和 47・3・2）の趣旨からみて，18 条や会社法 23 条が営業または事業の現物出資の場合にも適用されると考え

てよいであろう。そのうえで，判例（前掲最判昭和29・10・7）の立場によれば，債務引受けの広告があったことになり，AはC会社に損害賠償を請求できることになるが，通説の立場によれば，債務引受広告があったとは認められないから，請求できないことになろう。

(3) 17条・18条または会社法22条・23条・24条により譲受人・譲受会社が弁済責任を負う場合の短期除斥期間

17条・18条または会社法22条・23条・24条により譲受人・譲受会社が弁済責任を負う場合には，譲渡人・譲渡会社の責任は，営業もしくは事業の譲渡または広告後2年以内に請求または請求の予告をしない債権者に対しては消滅する（17Ⅲ・18Ⅱ，会社22Ⅲ・23Ⅱ・24）。これは，譲受人・譲受会社が責任を負う以上，譲渡人・譲渡会社の責任が消滅するとすることに合理性があるからである。この2年の期間の性質は除斥期間を意味する。

(4) 詐害営業譲渡・詐害事業譲渡

譲渡人・譲渡会社が譲受人・譲受会社に承継されない債務の債権者（残存債権者）を害することを知って[9]営業または事業を譲渡した場合には，譲受人・譲受会社が営業または事業の譲渡の効力が生じた時において残存債権者を害することを知らなかったときを除き，残存債権者は，その譲受人・譲受会社に対して，承継した財産の価額を限度として，債務の履行を請求することができる（18の2Ⅰ，会社23の2Ⅰ）。この場合には，譲受人・譲受会社の責任は，譲渡人・譲渡会社が残存債権者を害することを知って営業または事業を譲渡したことを知った時から2年以内に請求または請求の予告をしない残存債権者に対してはその期間を経過した時に消滅し，それ以外の残存債権者との関係でも営業または事業の譲渡の効力が生じた日から10年を経過したときにも消滅する（18の2Ⅱ，会社23の2Ⅱ）[10]。

なお，譲渡人・譲渡会社について破産手続開始の決定，再生手続開始の決定

---

[9] 譲渡人または譲渡会社の債権者を害する詐害的な営業譲渡や事業譲渡は，債権者による詐害行為取消権（民424）の行使により取り消される可能性がある（会社分割の詐害行為取消について最判平成24・10・12民集66巻10号3311参照）。

[10] ただ，この期間の経過前に，当該残存債権者の譲渡人・譲渡会社に対する債権が時効により消滅することはありうる。

または更生手続開始の決定があったときは，残存債権者は，譲受人・譲受会社に対して債務の履行を請求をすることができなくなる（18の2Ⅲ，会社23の2Ⅲ）。

5-3-2　営業譲渡人・事業の譲渡会社の債務者の保護

(1)　譲受人・譲受会社が譲渡人・譲渡会社の商号を続用している場合

営業または事業の譲渡により債権が譲受人・譲受会社に移転していれば，譲渡人・譲渡会社の債務者が譲受人・譲受会社に対してする弁済は当然に有効であるが，かりに，営業または事業の譲渡によりある債権が譲受人・譲受会社に移転していなくとも，譲受人・譲受会社が譲渡人・譲渡会社の商号を続用している場合に，譲渡人・譲渡会社の営業・事業によって生じた債権について善意・無重過失で譲受人・譲受会社に弁済がなされたときは，その弁済は有効とされる（17Ⅳ，会社22Ⅳ）。商号が続用されていると，債権者は営業または事業の譲渡の事実を知らないで譲受人・譲受会社を債権者と誤認することが多いので，このような外観に対する債務者の信頼を保護する必要があるからである。ここで善意とは，営業または事業の譲渡のあったことを知らないことをいう。

(2)　譲受人・譲受会社が譲渡人・譲渡会社の商号を続用しない場合

営業主体の誤認のおそれが少ないので，民法478条・479条によって，譲渡人・譲渡会社の債務者は保護されるにとどまる。商号が続用されている場合と異なり，譲受人・譲受会社が受領権者としての外観を有する者であるといえる場合に限られ，かつ債務者が善意・無過失でなければ弁済は有効とされない。

第6章　商業帳簿

6-1　なぜ商法は商人の会計を規制するのか

　商法は，商人（会社・外国会社を除く）の会計帳簿・貸借対照表の作成・保存義務などを定め，商法施行規則に会計帳簿および貸借対照表についての規律が定められている（株式会社および持分会社については会社法431条以下・614条以下および会社計算規則が規律している）。また，19条1項は，商人の会計は一般に公正妥当と認められる会計の慣行に従うことを指示しており，実体面の規制が補充されている。

　これは，商人が合理的に企業経営を行っていくためには，会計帳簿を作成し，営業上の財産の状況（財政状態），営業上の損益の状況（経営成績）を把握することが必要だからである。また，会計帳簿は裁判において証拠となりうることから，その保存義務を定めておくことも意味をもつ。

6-2　商業帳簿の意義

　商業帳簿とは，商人が営業のために使用する財産の状況を記録するために作成することを義務付けられている帳簿であり，会計帳簿（*6-2-1*）と貸借対照表（*6-2-2*）とから成る（19Ⅱ）。

　すなわち，商人は，財産・取引を記録するために，会計帳簿を備えなければならない。そして，実務上は，会計帳簿に継続的に記録された会計記録をもとに貸借対照表および損益計算書（一定の期間に得た利益または被った損失を算定する過程を収益と費用を示して，計算表示するもの）を作成する（誘導法）。もっとも，商人（会社・外国会社を除く）には貸借対照表を作成することが要求されるにと

どまり，損益計算書の作成は商法上要求されていない。

商人は，適時に，正確な商業帳簿を作成しなければならない。たとえば，1年に1回税務申告時にまとめて記帳・記録することは「適時」に作成したことにはならないと考えられる。また，「正確」とは，商法および商法施行規則の規定，一般に公正妥当と認められる会計の慣行に従って財産・取引の状況を忠実に示していることをいう。

6-2-1　会計帳簿

会計帳簿とは，一定時期における商人の営業上の財産およびその価額ならびに一定期間における取引その他営業上の財産に影響を及ぼすべき事項を記載する帳簿[1]である（19Ⅱ）。営業上の財産に影響を及ぼすべき事項には法律行為のみならず，事故，災害などによる財産の滅失・毀損などを含む。

典型的な会計帳簿としては，仕訳帳，日記帳，総勘定元帳，各種の補助元帳がある。

6-2-2　貸借対照表

貸借対照表は一定の時点（決算日）における営業用財産の状態を明らかにする一覧表である。資産の部，負債の部，純資産の部からなり，勘定科目毎に価額を示したものである。勘定式の場合，借方（左側）には資産（財産的価値のあるもの）が記載され，貸方（右側）には負債（法律上の債務と負債性の引当金）と資本金・当期純利益とが記載される。

会社・外国会社以外の商人は開業時に貸借対照表を作成し，また，各営業年度（営業年度の末日を変更する場合を除き1年を超えることができない）に係る貸借対照表を作成しなければならない（商法施行規則6～8）。

---

1) カード式，伝票式あるいはルーズリーフ方式であってもよいし，単式簿記でもよい。

貸 借 対 照 表
平成○年3月31日　　　　　　　（単位：円）

資　　産	金　額	負債および純資産	金　額
現　　　　金	84,000	支 払 手 形	360,000
当 座 預 金	620,000	買　掛　金	500,000
受 取 手 形	310,000	未　払　金	50,000
売　掛　金　550,000		前受手数料	12,000
貸倒引当金　11,000	539,000	資　本　金	1,700,000
有 価 証 券	240,000	当期純利益	178,000
商　　　　品	420,000		
消　耗　品	12,000		
貸　付　金	300,000		
前払保険料	15,000		
未 収 利 息	4,000		
備　　品　400,000			
減価償却累計額 144,000	256,000		
	2,800,000		2,800,000

6-3　資産の評価基準とのれん

　商法施行規則は，会計帳簿ひいては貸借対照表に記載すべき財産の価額について規定を置いている。

　① 資産の帳簿価額──原則

　商法施行規則または商法以外の法令に別段の定めがある場合を除き，商人の会計帳簿に計上すべき資産については，その取得原価を付さなければならない（商法施行規則5Ⅰ本文）。ただし，取得原価を付すことが適切でない資産については，営業年度の末日における時価または適正な価格を付すことができる（商法施行規則5Ⅰただし書）。

　② 減価償却

　償却すべき資産については，営業年度の末日（営業年度の末日以外の日において評価すべき場合には，その日）において，相当の償却をしなければならない（商法施行規則5Ⅱ）。

　③ 資産の帳簿価額の特則

　営業年度の末日における時価がその時の取得原価より著しく低い資産（その資産の時価がその時の取得原価まで回復すると認められるものを除く）には営業年度

の末日における時価を付さなければならない。また，営業年度の末日において予測することができない減損が生じた資産または減損損失を認識すべき資産にはその時の取得原価から相当の減額をした額を付さなければならない（商法施行規則5Ⅲ）。

④　取立不能のおそれのある債権

取立不能のおそれのある債権については，営業年度の末日において取り立てることができないと見込まれる額を控除しなければならない（商法施行規則5Ⅳ）。

⑤　負債の帳簿価額

商法施行規則または商法以外の法令に別段の定めがある場合を除き，商人の会計帳簿に計上すべき負債については，債務額を付さなければならない（商法施行規則5Ⅴ本文）。ただし，取得原価を付すことが適切でない負債については，営業年度の末日における時価または適正な価格を付すことができる（商法施行規則5Ⅴただし書）。

⑥　のれんの認識

のれんは，有償で譲り受けた場合に限り，資産または負債として計上することができる（商法施行規則5Ⅵ）。

6-4　一般に公正妥当と認められる会計の慣行

19条1項は，商人の会計は「一般に公正妥当と認められる会計の慣行」（最判平成20・7・18刑集62巻7号2101参照）に従うものとしている。これは，商法施行規則の定めは必ずしも網羅的ではないこと，商法および商法施行規則の明文や趣旨に反しない限り，会計実務を尊重すべきであることによる。

商法計算規定の趣旨からは，「一般に公正妥当と認められる」とは商人の財産の状況を明らかにするのに適したということを意味する。また「慣行」とは，ある程度の実践を前提とすることを意味するが，新しい種類の取引・商品があらわれてくる可能性を考えると，近い将来において慣行となる見込みがあれば足りると考えるべきである。

6-5 商業帳簿の保存，提出

6-5-1 商業帳簿の保存

　商人は帳簿閉鎖の時（帳簿締切の時。大隅223）から10年間，商業帳簿およびその営業に関する重要書類を保存しなければならない（19Ⅲ）。その営業に関する重要書類には，その営業に関して受け取りまたは交付した契約書，受領証，領収証，各種伝票またはその控えなどが含まれる。

　なお，商業帳簿および重要書類の保存方法として，マイクロフィルム，磁気テープ，磁気ディスクその他の電磁的または光学的記憶媒体を用いることは許される。すなわち，商人は会計帳簿または貸借対照表を電磁的記録（電子的方式，磁気的方式その他人の知覚をもって認識することができない方式によって作成された記録であって電子計算機による情報処理の用に供されるものとして法務省令〔商法施行規則9Ⅰ〕に定められたもの〔539Ⅰ②〕）の形で作成することができる（商法施行規則4Ⅲ）。

6-5-2 商業帳簿の提出義務

　裁判所は申立てまたは職権によって訴訟当事者に商業帳簿の全部または一部の提出を命じることができる（19Ⅳ）。文書の所持人が文書の提出義務を負う場合について，民事訴訟法220条が一般的に規定するが，さらに商法19条4項は訴訟当事者の有する商業帳簿について当然に提出義務を課し，かつ当事者の申立てによらずに職権をもって提出を命じることができることとしている。訴訟が商事に関するものであるか否かを問わず，商業帳簿の提出義務は認められる。

　商業帳簿について，特別な証拠力は法定されていないので，その証拠力は一般原則に従って，裁判所の自由心証による（大判明治32・2・2民録5輯2巻6，大判昭和17・9・8〈25事件〉）。提出義務に違反した場合についても，民事訴訟法の一般原則に従って，裁判所は商業帳簿に記載されたことに関する相手方の主張を真実と認めることができる（民訴224）。

第7章　商業使用人と代理商

7-1　商業使用人の意義

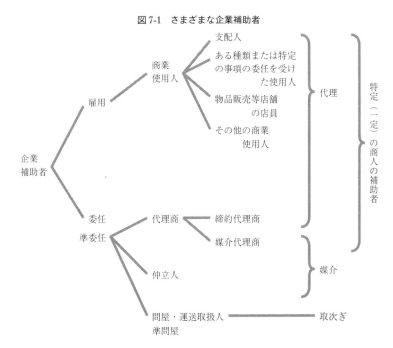

図7-1　さまざまな企業補助者

雇用契約[1]によって特定の商人に従属し，その商業上の業務を対外的に補

---

1) 雇用契約に限らず，委任・準委任契約などに基づいて，商人の商業上の業務を対外的に補助する者を商業使用人に含め，後述する支配人その他の使用人は商人と雇用関係に立たなくてもよいという見解もありうるが，雇用契約に基づかない者については支配人その他の使用人に関する規定を類推適用すると考えればよいのではないか。もっとも，

67

助する者を商業使用人という。

ここで,「雇用契約」とは被用者が使用者に対して契約上定められた労務を給付する義務を負い,その労務の給付の対価として,使用者が報酬を支払うことを内容とする契約をいい,「従属する」とは商人の指揮監督に服することを意味する。また,「商業上の業務」とは一般の取引通念に照らし,商人に特有な商業技術的業務と認められるものをいい,「対外的に」とは対外的な関係で商人を代理して行為をする立場にあることを意味する。雇用契約においては,被用者として自然人が予定されているから,商業使用人は自然人でなければならない[2]。

7-2 支配人

[ケース7]

A株式会社は東京都渋谷区に本店を有し,支店として登記されている営業所を名古屋に,支店として登記されていない出張所を大阪および神戸に設けている。なお,社内規則で営業所あるいは出張所では手形を振り出す権限がないものとされている。
(1) 名古屋営業所長Bは甲を受取人として約束手形を振り出した。
(2) 大阪出張所長Cは乙を受取人として約束手形を振り出した。
(3) 神戸出張所の事務員であるDは「A株式会社神戸出張所長D」という名義で丙を受取人として約束手形を振り出した。

7-2-1 支配人の意義

商人・会社によってある営業所(本店または支店)[3]の営業・事業の主任者と

 平成17年改正により,営業主と商業使用人との間の雇傭関係について民法の規定を適用することを妨げないとしていた45条が削除され,商業使用人と商人との関係を雇用関係と解する論拠の1つがなくなっているが,精力分散防止義務(**7-2-4-2**)は雇用関係を前提としてこそ合理性を有する。
2) したがって,後述する支配人その他の使用人は自然人でなければならない。
3) 商人の営業上の活動の中心である一定の場所を営業所といい,営業所には,本店(全営業を統轄する営業所)と支店とがある。営業所は内部的には営業活動を統轄する中心であり,かつ外部的に営業活動の中心としてあらわれる場所をいうから,営業活動につ

して選任[4)]された商業使用人（20・21Ⅰ，会社10・11Ⅰ）を支配人という（大隅143，服部280，森本93，田辺107。また，最判昭和37・5・1民集16巻5号1013参照）。なお，ここでいう本店または支店は営業所としての実質を有しなければならないと考える（その根拠と「営業所としての実質」の意義については，24条および会社法13条に関する **7-2-6** 参照）。

　これに対して，25条および会社法14条では，商人・会社より与えられた代理権の範囲の広狭によって商業使用人を類型化していることから，商人に代わってその営業（会社の支配人の場合は事業）に関する一切の裁判上または裁判外の行為をする権限（包括的代理権）を与えられた商業使用人を支配人であるとするのが通説（西原・日本商法論第1巻353，鴻164）である。

　しかし，代理権の範囲に制限を加えると支配人にならないのであれば，21条3項または会社法11条3項が適用されることはほとんどないことになろう。とりわけ，本店または支店の主任者に手形振出しなどの権限が与えられていることはまれであり，通説によるとそのような権限が与えられていないと，支配人にあたらないので，表見支配人の規定（24，会社13）が本店または支店の営業・事業の主任者たる名称に注目して適用されるのは整合的ではない。また，

　　いて独立の意思決定ができる人的組織を有するとともに，会計的にも独立の単位を構成するのが通常である。そして，営業所は営業活動の中心たる場所であるから，ある程度固定的であり，継続的でなければならない（ただし，継続する期間は必ずしも長期にわたる必要はない）。

　　営業所には，一般に住所について認められる効果が認められ（会社については，会社4），商行為によって生じた債務履行の場所（516）とされ，登記所および裁判所の管轄の基準となる（商登1の3，民訴4Ⅳ・5⑤，会社911〜932）。また，後述する表見支配人に関する規定（24，会社13）の適用の基準となる。

　4）　商人が自然人である場合には，商人が選任する。

　　取締役会設置会社の場合は取締役会決議に基づき（会社362Ⅳ③），代表取締役が選任する（指名委員会等設置会社では執行役に選任を委任することができる。会社416Ⅳ）。他方，持分会社においては，定款に別段の定めがない限り，社員の過半数をもって決定する（会社591Ⅱ）。

　　なお，小商人には商業登記に関する規定の適用がないことから，小商人は支配人を選任できないという見解が多数説であるが，支配人選任登記は対抗要件としての性質しか有しないし，小商人にも商業使用人の規定は適用されるのだから，小商人も支配人を選任できるが，登記しなくともよいと考えるのが条文上自然であろう（田辺43）。

代理権に制限があることを知っている第三者については，民法の表見代理の規定の適用はあるとしても，24条または会社法13条の適用はないことになり，表見支配人の規定が適用される場合も限られることになる。さらに，支配人という名称を付されて，しかも支配人として登記されていても，代理権に制限が加えられると支配人ではなく，表見支配人の規定が適用されるとするのは不自然である。以上に加えて，21条3項や会社法11条3項の規定ぶりは会社法349条5項と類似しており，包括的代表権を与えられていなくとも，代表取締役として選任された者が代表取締役とされることとのバランスを考えると，本店または支店の主任者として選任された者が支配人であると考えるのが自然である。

［ケース7］の場合，通説によると，BCDはいずれも支配人ではないことになる（ただし，Bが支配人として登記されていれば，会社法908条2項の適用により，甲に対してBが支配人でないことを対抗できない）。他方，本書のとる見解によると，名古屋営業所，大阪出張所が営業所としての実体をそれぞれ有している場合（名古屋営業所については，支店としての登記がなされているので，会社法908条2項の効果として，名古屋営業所が支店としての実体を有しない場合であっても，そのことにつき甲が善意であれば，支店としての実体を有しないことを甲に対抗できない〔最判昭和43・10・17民集22巻10号2204参照〕）であって，かつ，BCがそれぞれの主任者として選任されている（名称だけでなく，主任者としての代理権が付与されている）場合には，包括的代理権が与えられていなくとも，BCは支配人にあたることになる（さらに，Bが支配人として登記されていれば，会社法908条2項の適用により，甲に対してBが支配人でないことを対抗できない）。

7-2-2　支配人の代理権

(1)　代理権の包括性

支配人は，商人（会社・外国会社を含む）に代わってその営業・事業に関する一切の裁判上（商人の訴訟代理人となりうる。民訴54）または裁判外の行為[5]を

---

[5]　営業・事業に関して代理人を選任し，他の使用人の選任・解任権を有するが（21Ⅱ，会社11Ⅱ），特に代理権が与えられていない限り，支配人を選任することはできないと考えられる。これは，21条2項または会社法11条2項の反対解釈から，また，支配人

なす権限を有すると定められており（21 I，会社 11 I），支配人の代理権は包括的なものであるとしている。

　民法の一般原則からは，商人は支配人の代理権（支配権）の範囲について制限を加えることができるはずである。しかし，支配人の代理権の範囲を商人が自由に制限できるとすると，取引の相手方である第三者は，支配人と取引するにあたり，支配人の代理権の有無および範囲について，いちいち調査しなければならないことになる。しかし，それでは，集団的・大量的かつ反復的・継続的になされる企業活動の迅速・円滑・確実が害される。また取引の相手方が不測の損害を受ける場合が生じる可能性があるからである。

(2) **支配権の範囲**

　支配人の代理権は「営業」または「事業」「に関する」ものであるから，支配権の範囲は，「営業」または「事業」によって画される。

　そして，一般に支配権の範囲は商号および営業所（本店または支店）によって特定された営業または事業の範囲に限定される[6]。したがって，包括的代理権とはいえ，支配人の権限はその営業所の権限の範囲に止まると考えるべきであろう（東京高判昭和34・10・28判時214号29参照。また，服部309）。

　したがって，[**ケース7**] の場合には，BCが支配人であるとしても，営業所自体の権限が制限されている以上，約束手形の振出しは無権代理となり，甲乙は民法の表見代理によって保護される場合（民110）を除き，A会社に対し，手形金の支払を請求できないと考えるべきであると思われる（ただし，A会社が使用者責任〔民715〕を負うことはありうる）。

　　の選任権を支配人に与えると支配人の権限が強大すぎるからである。
　6）　第1に，商人（会社・外国会社を含む）が数個の営業所によって営業を営んでいる場合，その中の1個の営業所の営業・事業に限定される。もちろん，1人の支配人に複数の営業所の営業・事業について包括的代理権を与えることができる。
　　　第2に，個人企業において企業主が複数の商号によって数種の経営をしている場合には，そのうちで1個の商号のもとにおける営業に代理権は限定される。もちろん，1人の支配人に商号を異にする数種の営業に関する代理権を与えることも可能である。他方，1個の商号のもとに数種の営業を経営している場合，代理権はその営業全部に及ぶ。
　　　会社企業の場合，支配人の代理権が商号によって限定されるかという問題は生じない。なぜなら，会社が数種の事業を行うときでもその商号は1個に限られるからである。

しかし，判例（最判昭和29・4・2民集8巻4号782）・通説は，手形行為は，一般的な取引決済手段としていかなる営業にも必要とされるものであり，支配人の包括的代理権の範囲に入るものと解しているから[7]，この見解によると，BCが手形行為をする権限を有しないことは，内部的制限にすぎず，A株式会社は甲乙がその内部的制限につき悪意であることを主張立証しない限り，甲乙に対する手形金の支払を拒絶できないことになる。

また，支配人の代理権は商人の「営業」または「事業」に「関する」行為の代理権であるから，性質上，具体的な営業・事業に関しない行為（たとえば，営業・事業の廃止，営業・事業譲渡，営業・事業の変更など）は代理権の範囲に含まれない。商人の「営業」・「事業」「に関する行為」か否かの判断にあたっては，取引安全を図るため，行為の性質・種類等から客観的・抽象的に判断し，支配人の主観的事情によるべきではない（最判昭和54・5・1〈29事件〉[94]）。ただし，客観的には，支配人の代理権の範囲内の行為であっても，それが主観的には代理権の濫用にあたり，かつそのことにつき相手方が悪意の場合には，相手方を保護する必要はないから，商人は相手方に対して権利濫用あるいは信義則違反を主張できると考えるべきである（最判昭和42・4・20民集21巻3号697参照）。

(3) 支配人の代理権の不可制限性

商人が支配人の代理権につき取引の種類・場所・金額・時期・相手方などにつき制限を加えても，それは内部的制限にすぎないものとされ，その制限の存在を知らない第三者（善意の第三者）にその制限を対抗することができない（21

---

[7] このような理解は現実離れしているように思われる。というのは，営業活動を行っている場所のうち，手形振出しの権限を与えられていないものは少なくないからである。もし，手形振出しの権限がなければ，営業所とはいえないというのであれば，（営業所性を広く認めることが取引の安全の確保に資するにもかかわらず，かえって）営業所についての規定ひいては表見支配人の規定が適用される場合は少ないことになろう。他方，営業所の範囲を広くとらえ，かつ，真の支配人は手形振出権限を有すると擬制することは，商人である本人に不測の損害をもたらすことになる。とりわけ，表見支配人の権限は当該営業所の真の営業・事業の主任者である者の権限を論理的前提とすると解するのが24条または会社法13条の趣旨に合致するが，もし判例の一般論あるいは通説のように解すると，いったん，ある所が営業所にあたるとされるとその営業所には手形振出しの権限が与えられていると擬制されることになり問題は大きい。

Ⅲ，会社11Ⅲ）。これにより，第三者は支配人の支配権の範囲を調査しなくとも安心して取引をすることができ，取引の迅速・確実が図られ大量な取引が円滑に行えることになる。

7-2-3　支配人の権限と権利

　支配人は，代理権，経営管理権などの権限を有するとともに費用前払請求権（民649）・出捐償還請求権（民650）・報酬請求権（民623・624）などの権利を有する。

7-2-4　支配人の義務

7-2-4-1　雇用契約に基づく義務
　契約に特に定めなくとも，雇用契約に基づく義務として，善管注意義務（民644）・事務処理の状況・顛末を報告する義務（民645）・労務に服する義務（民623）を支配人は負う。

7-2-4-2　精力分散防止および競業避止義務（23Ⅰ，会社12Ⅰ）

(1)　精力分散防止・競業避止義務の意義

　商人（会社）の許可がない場合には，支配人は営業を行い，自己または第三者のために商人の営業（会社の事業）の部類に属する取引をし，または他の会社の取締役・執行役もしくは業務執行社員または他の商人の使用人となってはならない。これは，支配人は広汎な代理権を有し，かつ商人（会社）の営業（事業）の機密に通じる地位にあることから，支配人に商人のために専心・忠実に職務を遂行させようとするものである。同時に，支配人が，競業行為を自由にすることができるとすると，その地位を利用して商人（会社）の得意先等を奪って自己または第三者の利益を図るおそれがあるから，競業を禁止して商人（会社）と支配人との利益の衝突による商人（会社）の損害を防止しようとするものである。

　ここで，「商人の営業の部類」・「会社の事業の部類」に属する取引とは商人（会社）の営業・事業の目的である取引の意味であり，営業・事業に関連してその維持・便益のためになされる行為は含まない。また，「取引」とは商行為および4条2項の行為であり，ある取引行為が営業・事業の部類に属するか否

第 7 章　商業使用人と代理商

かは具体的な事案に即して決定される。

(2) **損害賠償**

　23 条 1 項または会社法 12 条 1 項は，単に商人または会社と支配人との関係を規律するものにすぎず，取引の安全を図る必要があるから，支配人が精力分散防止および競業避止義務に違反してなした行為も有効であるが，商人・会社は，義務違反を理由に，その支配人を解任したり，その支配人に対して損害賠償を請求できる。そして，支配人が商人・会社の許可を受けずに，商人の営業または会社の事業の部類に属する取引を自己または第三者のために行ったときは，その行為によって支配人または第三者が得た利益の額は商人・会社に生じた損害の額と推定される（23Ⅱ，会社 12Ⅱ）。

7-2-5　支配人と株式会社の代表取締役（代表執行役）との比較

(1) **商業使用人と機関**

　法的地位については，支配人は商業使用人であって商人の任意代理人であるのに対し，代表取締役（代表執行役）は会社の機関である。したがって支配人がした行為は代理人の行為として本人である商人に帰属するのに対し，代表取締役（代表執行役）のした行為は会社を代表する行為であってその法律効果は当然に会社に帰属する。

　また，取締役会設置会社においては，支配人は，取締役会によって選任・解任され（会社 362Ⅳ③。ただし，会社 416Ⅳ），執行役が 1 人である場合を除き，代表執行役も取締役会により選定・解職されるのに対して（会社 420ⅠⅡ），代表取締役は取締役会の決議により選定・解職されるものの，取締役としての地位を併有し，取締役として株主総会の選任・解任の対象となっている。報酬についても，支配人の報酬は取締役会または代表取締役が決定することができるのに対して，代表取締役の報酬は取締役の報酬として定款に定めるか株主総会の決議によらなければならない（会社 361Ⅰ）。なお，代表執行役の報酬は報酬委員会が定める（会社 404Ⅲ）。

　さらに，支配人の任期に制限はないが，取締役の任期との関係上（会社 332），代表取締役の任期は原則として 2 年を超えることができないし，代表執行役の任期は選任後 1 年以内に終了する事業年度のうち最終のものに関する定時株主

総会の終結後最初に招集される取締役会の終結の時まで（会社402Ⅶ）より長くすることはできない。

(2) 雇用契約と委任契約

支配人と商人との関係は雇用契約であるのに対し，代表取締役（代表執行役）と会社との関係は委任および準委任契約である（会社330・402Ⅲ）。

(3) 競業避止義務

代表取締役（代表執行役）も支配人も，法律上，競業避止義務が課されるが（23Ⅰ，会社12Ⅰ・356Ⅰ①・365・419Ⅱ），支配人は雇用関係が存在することから，競業避止義務のみならず精力分散防止義務を負うし，より広範な競業避止義務を負う。代表取締役（代表執行役）の場合は広く人材を確保するという観点から，競業避止の範囲が狭くなっているとも理解できる。

(4) 場所的限定の有無

権限について，支配人は商人・会社に代わって，営業・事業に関する一切の裁判上・裁判外の行為をなす包括的な代理権（支配権）を有し（21Ⅰ，会社11Ⅰ），この支配権に対し加えられた制限は，善意の第三者に対抗することができないとされている。しかし，その支配権は商人・会社の一切の営業・事業に及ぶのではなくて，商号または営業所によって個別化された特定の営業所における営業・事業活動に限られる。

これに対し，会社の機関としての代表取締役（代表執行役）は，取締役会で決定された事項および代表取締役（代表執行役）が自ら決定した事項について，会社内部では業務執行にあたり会社外部では会社を代表するものとされている（代表権）（会社349・420）。すなわち，支配権の場合と同様，代表権の制限をもって善意の第三者に対抗できないうえ，支配権の場合とは異なり，代表取締役（代表執行役）は会社の本店および支店に関する一切の行為について代表権を有する。

(5) 営業・事業に関する行為の範囲

支配人は特段の授権がない限り，営業・事業譲渡や営業・事業の廃止あるいは営業・事業変更，営業所の新設・廃止の権限を有しないが，代表取締役（代表執行役）は，取締役会の決議（会社362Ⅳ）（代表執行役の場合は取締役会の委任による場合もある）あるいは株主総会決議（会社467）に基づいて，事業譲渡契約

第7章　商業使用人と代理商

を締結し，事業の廃止あるいは事業を変更し，営業所を新設・廃止することができる。

(6) 代表権・代理権の不可制限性と表見代表取締役（表見代表執行役）・表見支配人制度

取引の相手方の保護を図るため，代表取締役（代表執行役）の代表権あるいは支配人の代理権に加えた内部的制限は善意の第三者に対抗できないこととされ（会社349Ⅴ・420Ⅲ・11Ⅲ，商21Ⅲ），また，表見代表取締役（表見代表執行役）・表見支配人の行為は相手方が善意の場合には会社その他の商人にその効果が帰属するものとされる（会社354・421・13，商24）。

7-2-6　表見支配人（24，会社13）

7-2-6-1　表見支配人の意義

営業所（会社の場合は本店または支店。以下 7-2-6 において同じ）の主任者であることを示す名称（肩書）を有する者が，実は営業所の主任者として選任された者でなかった（営業の主任者としての代理権を与えられた者でなかった）場合に，その者がなした行為が無権代理行為にすぎないとされると，取引の相手方は不測の損害を被るおそれがある。そして，相手方は取引にあたっていちいち包括的代理権を有する商業使用人か否かを調査しなければならないことになり，企業活動の簡易・迅速を図ろうとする商法・会社法のねらいが実現されない。

そこで，商法・会社法は「営業所の」（会社については「本店又は支店の」）「営業」または「事業」の「主任者」であるかのような外観を信頼した第三者を保護し（外観主義），取引の安全を図るため，表見支配人制度を定めている（24，会社13）。ここで，表見支配人とは，営業所の営業・事業の主任者であることを示す肩書を与えられた使用人であるが，営業所の営業・事業の主任者としての権限が与えられていない者[8]をいう。

(1) 営業所（本店または支店）

24条の営業所または会社法13条の本店または支店は営業所としての実体を

---

[8] 通説によると，表見支配人とは，営業所（本店または支店）の営業・事業の主任者たることを示すべき肩書を与えられた使用人であるが，包括的代理権を与えられていない者をいうことになる。

備えていなければならない[9]とするのが通説・判例(最判昭和37・5・1〈27事件〉[95])である[10]。なぜなら,営業所としての実体を備えていない所に本来の支配人が存在することは論理的にありえないし,営業所としての実体を備えていないのに包括的代理権が与えられているのは不自然であるうえ,24条または会社法13条が設けられたのは,支配人を置くべき場所に,ことさら支配人の名称を避けて支店長などの名称を付した使用人を置き,21条3項または会社法11条3項の適用を免れることを防ぐためだからである(鴻178)。

ここで,営業所としての実体を備えているというためには,本店(あるいは主たる営業所)から離れて一定の範囲内で独自に決定・実行できる組織の実体を有することが必要である。具体的には,専属の使用人が存在し,その長が部下に対する指揮権を有し,本店と独立の帳簿が存在することなどがメルクマールとなるといわれている(庄子・百選〔第4版〕30事件解説)。

したがって,[ケース7]において,Dが表見支配人であるとされるためには,少なくとも,神戸出張所が営業所としての実体を備えていることが必要である。

ただし,営業所の実体を備えていなくとも,本店または支店として登記されている場合には,9条2項または会社法908条2項が適用されることの効果として,その場所における営業の主任者たる肩書を付されている商業使用人について24条または会社法13条が適用される(最判昭和43・10・17民集22巻10号2204,最判昭和45・3・27判時590号73)。

---

9) 支店の登記はなくともよい(最判昭和32・11・22ジュリ146号86〔集民28号807〕)。
10) これに対して,当該場所が営業所としての実体を備えているか否かを調査することは必ずしも容易ではない,また,24条または会社法13条は名称に対する信頼を保護するものであり,支店という名称を用いることを商人が認めている以上は,24条または会社法13条の適用がありうると考えるべきであるとして,支店または支社という名称を付した事務所について,または「本店または支店」という表示についても保護に値する外観が成立するという見解がある(実体不要説)(大隅159,服部298)。しかし,営業所を実際に一度も見たことがない場合に,たとえば,名刺に「支店長」と記されていれば,それだけで支配人としての外観への信頼が正当に生じうるとするのは,24条または会社法13条が相手方に軽過失がある場合にも適用されることから,商人に酷ではないかという批判がある。また,前述したように,支配人の権限は営業所の権限を前提とするものであり,営業所としての実体を欠く場合には,支配人の権限が定まらないという問題があるから,実体不要説をとることには躊躇を覚える。

(2) 営業・事業の主任者であることを示す名称（外観の存在）

営業・事業の主任者であることを示す名称としては支配人，営業部長・事業部長，支店長，営業所長などがあり，営業・事業の主任者であることを示す名称ではない名称としては，支配人代理など上席者の存在を示唆する名称がある。

(3) 営業・事業の主任者であることを示す名称の付与（帰責事由）

名称の付与は明示的になされた場合に限らず，黙示的になされた場合でもよい。商人が名称の使用を止めさせるべき立場にある（名称使用者が使用人の場合には，商人はそのような立場にあると考えるべきであろう）にもかかわらず，名称の使用を知りつつ放置した場合には，この要件を満たす。

(4) 相手方の信頼――善意かつ無重過失

支配人とは営業所（本店または支店）の営業・事業の主任者であるから，悪意とは，当該使用人が営業所（本店または支店）の営業・事業の主任者ではないことを知っていることである[11]。明文はないが，相手方の利益と商人の利益とのバランスから，相手方に無重過失が要求されるとするのが通説である（大隅161，服部308）。

7-2-6-2　表見支配人とされることによる効果

裁判外の行為につき支配人と同一の権限を有するものとみなされるが[12]，支配人の権限は当該営業所の権限を前提とするから，当該営業所における営業・事業の目的の行為および事業に必要な行為について表見支配人は代理権を有するものとみなされる。事業に必要な行為であるか否かは，その行為の性質・種類等を勘案し，客観的・抽象的に観察して決すべきである（最判昭和54・5・1〈29事件〉[94]，最判昭和32・3・5民集11巻3号395）。また，当該営業

---

11) 通説によると，悪意とは，当該使用人が包括的代理権を与えられていない者であることを知っていることである。
12) 表見支配人は当該営業所の主任者ならば客観的にみて当然有するであろうと思われる権限を擬制されるとし，権限の制限された営業所の真実の営業所長はその制限の範囲内では真実の支配人であるけれども，制限の範囲外では表見支配人となりうるという見解がある（服部309）。この見解によると，手形振出権限についても営業所の権限を制限でき，営業所の権限の範囲内で営業・事業の主任者の権限は認められるという前提によっても，たとえば，[ケース7]のBCについて表見支配人の要件を満たせば，甲乙はA会社に対して手形金の支払を請求できる余地があることになる。

所の権限が制限されているときは，表見支配人の権限もその範囲で認められると考えるべきであろう。このような本書の立場によれば，［ケース7］の場合に，Dが表見支配人の要件を満たすとしても，丙は会社法13条に基づいては，A会社に対し手形金の支払を請求できない（民法110条に基づく表見代理の成立の余地はあろうし，使用者責任〔民715〕を追及できることもある）。これに対して，少なくとも，手形振出権限は支配人の包括的権限に含まれるという通説的理解に立つと，Dが表見支配人の要件を満たす場合には，丙は会社法13条に基づいてA会社に手形金の支払を請求できることになろう。

7-3　その他の商業使用人の代理権

7-3-1　ある種類または特定の事項の委任を受けた使用人(25，会社14)

商人・会社から営業・事業に関するある種類または特定の事項（たとえば，仕入，販売貸付けなど）の委任[13]を受けた商業使用人（現在では，部長・課長・係長といった地位がこれにあたるといわれている）は，代理権を与えられた種類・事項に関しては，裁判上の行為（訴訟行為）を除き，一切の代理権があるものとされ，かつ，商人がその代理権に制限を加えても，善意の第三者にはその制限を対抗できないものとされている（25，会社14）（重大な過失のある第三者には対抗できる〔最判平成2・2・22〈30事件〉〕）。

このような使用人については，表見支配人のような規定が存在しないし，それらの者の代理権の範囲は必ずしも定型的ではないので，たとえば，販売本部長というような名称を信頼して取引した相手方は，民法の表見代理の規定（民109Ⅰ）によって保護されることになるし（近藤94参照），商人・会社が使用者責任（民715）を負うこともある。

商人・会社のみならずその支配人もある種類または特定の事項の委任を受け

---

13)　「委任」という語からは，法律行為の委任を受けていることが必要であると思われるが（大隅162，鴻179），30事件は「代理権を授与されたことまでを主張・立証することを要しない」として，事実行為の委任で足りるとした原審（東京高判昭和60・8・7判タ570号70）の判断を支持している。

た使用人を選任・解任できる。ある種類または特定の事項の委任を受けた使用人は法律の明文上は競業避止義務を課されていないが、雇用契約上、競業避止義務を付随的義務として負っていると考えられる[14]。

7-3-2 物品販売等を目的とする店舗の使用人（26、会社15）

　物品の販売等（販売、賃貸その他これらに類する行為）を目的とする店舗の使用人はその店舗にある物品の販売等に関する権限を有するものとみなされる。これは、物品の販売等を目的とする店舗の使用人には、その店舗にある物品についての販売等の権限が当然にあるものと顧客が考えるのが普通だからである。そこで、26条および会社法15条は、取引安全の保護のため、取引の相手方に対しては、たとえ、実際にはその使用人に販売等の代理権が与えられていなくとも、販売等の代理権があるものとみなす（代理権の擬制）こととされた。代理権の範囲は、その店舗内にある物品の現実の販売等に関するものに限られるから、販売等契約の締約もその店舗内で行わなければならない（福岡高判昭和25・3・20下民集1巻3号371）。

　なお、その使用人が販売等の代理権を有しないことを知っている第三者（悪意の第三者）に対しては、代理権の存在についてその者の合理的信頼は存在しないから、26条本文または会社法15条本文の適用はなく、代理権の不存在を主張できる（26ただし書、会社15ただし書）。

　26条および会社法15条の立法趣旨からは、雇用契約が存在しない事実上の使用人についても26条および会社法15条が類推適用されると考えられる。

---

[14] このような使用人にも23条または会社法12条が類推適用されるという見解もある（近藤95）。また、28条または会社法17条を類推適用して代理商と同程度の競業避止義務が課されるという見解もある（服部314）。

7-4　代理商

7-4-1　代理商の意義

　商業使用人・会社の使用人ではないが，一定の商人・会社（以下，本人という）[15]のために，平常の営業・事業の部類に属する取引の代理または媒介をすることを業とする者を代理商[16]という（27，会社 16。商人（会社）の「平常の」営業（事業）の「部類……媒介をする」とされているが，「……媒介を，平常する」の誤りであろう）。商人・会社がその営業の地域を拡大する場合には，支店を設け，商業使用人を用いることも考えられるが，それにはリスクがあるので，その土地の事情に通じた代理商を用いて，取引に対して手数料を払うことが合理性を有する場合が少なくない。

(1) **独立の商人（商業使用人ではない）**

　代理商は独立の商人であり，本人の企業組織の外部にあって本人を補助する。代理商は，自己の商号と店舗を有し，自己の営業・事業のための商業帳簿を備え，自己の営業・事業のために商業使用人を雇い入れる。

(2) **一定の商人・会社**

　一定の商人・会社とは必ずしも一人・一つに限らず，代理商は同時に複数の特定の商人・会社の代理商となることができるが（ただし，営業・事業の部類を同じくする場合には競業避止義務の問題が生ずる），不特定多数の商人・会社のための代理商は存在しない。この点で，不特定多数の者を補助する取次商（問屋など）や仲立人とは異なる。

(3) **平　常**

　単に多数の個別的行為を処理する義務を負うにとどまらず，本人の営業・事業のために絶えず配慮すべき義務を負っていることを意味する。

---

15) 本人が商人・会社でないときは，商法上あるいは会社法上の代理商にはならない。たとえば，保険相互会社（商人あるいは会社法上の会社ではない）のために取引の代理または媒介する者は商法上あるいは会社法上の代理商ではない。

16) 代理商であるか否かはその実質に基づいて判断され，「代理店」という名称が用いられていても，代理商であるとは限らない（大判昭和 15・3・12 新聞 4556 号 7［96］）。

(4) 営業・事業の部類に属する取引の代理または媒介

　① **取引の代理**　本人の代理人として相手方との間で契約を締結すること。

　② **取引の媒介**　本人と相手方との間で契約が成立するよう各種の仲介・斡旋・勧誘的事務を行うこと。取引の代理をなす代理商を「締約代理商」，取引の媒介のみをなす代理商を「媒介代理商」という。媒介代理商には代理権はない。

7-4-2　代理商の義務

(1) **委任または準委任**（善良な管理者としての注意義務）

締約代理商は本人のためにその取引の代理すなわち法律行為をすることの委託を受け（委任）（民 643），また媒介代理商は本人のためにその取引の媒介すなわち法律行為でない事務の委託を受ける（準委任）（民 656）ものである。

そこで，代理商と本人との間の法律関係には，契約または他の法令に別段の定めがない限り，委任に関する民法・商法の一般規定（民 643 以下，商 505・506 など）が適用されるのが原則である。そこで，代理商は善良な管理者としての注意（民 644・656）をもって事務を処理しなければならず，取引の機会をとらえるよう平素努力しなければならない。

(2) **代理商の通知義務**（27，会社 16）

代理商が取引の代理または媒介をしたときは，遅滞なく本人に対してその通知を発しなければならない。これは，商取引の迅速性の要請に基づく。

民法上も，受任者は委任者の請求があるときは，いつでも委任事務処理の状況を報告し，また委任終了の後は遅滞なくその顛末を報告しなければならないが（民 645・656），代理商は本人の請求をまたず，また委任が終了したか否かに関係なく通知を発しなければならない。

(3) **代理商の競業避止義務**（28，会社 17）

代理商は，本人の許可を受けなければ，自己もしくは第三者のために本人の営業・事業の部類に属する取引をし，または同種の事業を行う会社の取締役，執行役または業務執行社員となってはならない。これは，代理商が本人の営業・事業に関して知りえた知識を利用し，本人の犠牲において，自己または第

三者の利益を図ることを防止するため設けられたものである。

この義務に違反して，代理商が本人の許可を受けないでした行為も有効であるが，本人は代理商に対して損害賠償を請求することができ，また代理商が自己または第三者のために本人の営業・事業の部類に属する取引をした場合については支配人の場合と同様，損害額の推定規定（28Ⅱ，会社17Ⅱ）が設けられている。

7-4-3　代理商の権限

代理商がどの範囲で本人のための権限を有するかは，代理商契約によって定められる[17]。なお，29条または会社法18条により物品の販売またはその媒介の委託を受けた代理商は，売買の目的物の種類，品質，数量についての契約不適合その他売買に関する通知を受ける権限を有する[18]。これは，商人間の売買においては買主に目的物の検査・通知義務が課されており（526），売主の代理商に通知の受領権限を与えることによって，買主の便宜を図ったものである。

7-4-4　代理商の留置権（31，会社20）

代理商は，取引の代理ないし媒介をしたことによって生じた債権の弁済期が到来しているときは，その弁済を受けるまで本人のために占有する物または有価証券を留置することができる（ただし，特約によって排除できる。31ただし書，会社20ただし書）。企業における信用取引の円滑安全を図るために認められたものである。さらに，代理商の代理・媒介行為が頻繁に行われ，また本人との委託関係が密接かつ継続的であることから，代理商の保護を図ることも目的としている（第8章注6参照）。

代理商の留置権については，被担保債権と目的物の牽連関係が要求されていないが，これは，代理商と本人との関係は継続的であり，その間の取引関係は

---

[17]　締約代理商は本人のため契約終結の代理権を有するが，どのような範囲で本人を代理する権限を有するかは，代理商契約によって定まる。媒介代理商は取引の媒介をする権限を有するのみで，代理権は有しない。

[18]　媒介代理商も，29条または会社法18条により，通知の受領権限が与えられることになる。

一体としてとらえられるからである。また，代理商の業務の性格上，本人の所有に属さない物品を本人のために占有したり，占有を第三者から取得することが少なくないため，目的物が債務者（本人）の所有物である必要はないし，債務者との商取引によって代理商の占有に帰したことも必要とされない。

7-4-5 代理商関係の終了

(1) **委任の一般終了原因による終了**（民653）

ただし，本人の死亡によって商行為の委任による代理権は消滅しないことから（商506）(**8-1**(5)参照)，民法653条にかかわらず，締約代理商契約は本人の死亡によっては終了しない。また，通説は，代理商は本人の企業組織の一環をなしていることを根拠として，媒介代理商契約も本人の死亡によっては終了しないと解している。

(2) **本人の営業・事業の終了**

代理商契約は本人の営業・事業を前提とするものであるため，廃業その他の原因により本人の営業・事業が終了するときは，代理商契約もまた当然終了する。

(3) **代理商契約の解除**

① **契約期間の定めがないとき**　代理商契約の継続的性格に鑑み，その契約を解除する場合には各当事者は2ヵ月前に予告をすべきこととされている（30Ⅰ，会社19Ⅰ）（当事者間の特約によって伸縮・排除できる〔横浜地判昭和50・5・28判タ327号313〔97〕〕。鴻190，服部327）。しかし，この予告期間をおいた解除の結果，相手方に損害が生じても，賠償の責めを負わない（東京控判昭和2・5・28新聞2720号14）。

② **やむを得ない事由があるとき**　やむをえない事由があるときは，契約期間の定めがあると否とを問わず，各当事者はいつでも契約を解除することができる（30Ⅱ，会社19Ⅱ）。この場合には，解除は即時にその効力を生ずる。ここで「やむを得ない事由」とは，代理商契約を継続することが社会通念上著しく不当とみられる事由のことである。この場合に，当事者の一方に過失があるときは，相手方はその損害の賠償を求めることができる（民652・620）。

第 8 章　商行為・商人の行為に関する規定

図8-1　商行為法の視点

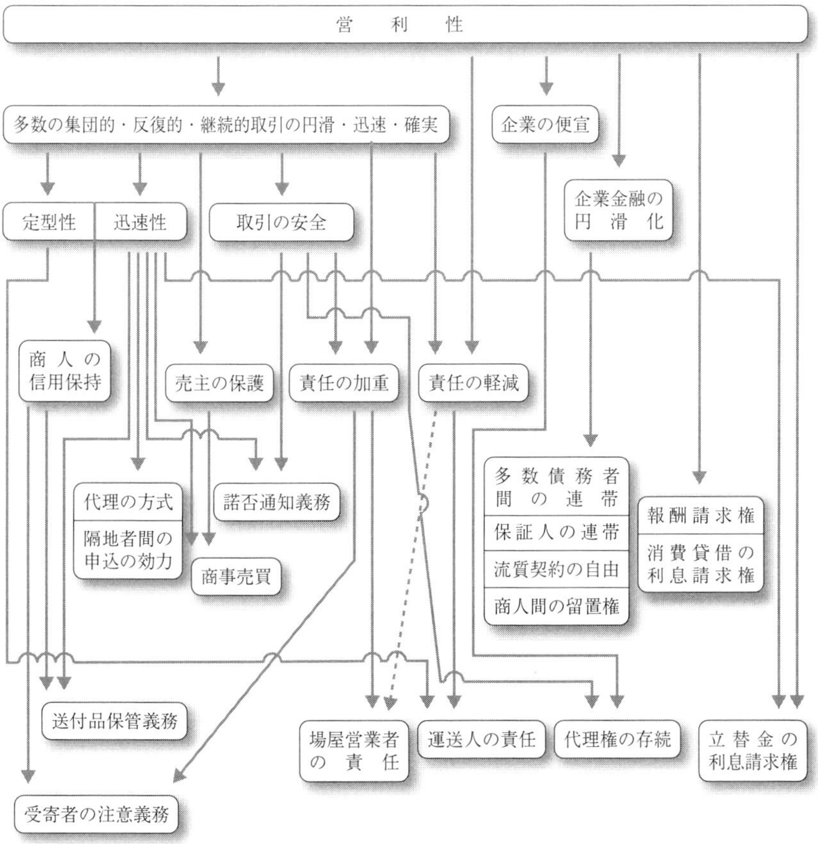

```
                        営　利　性
           ┌──────┬──────┬──────┬──────┬──────┐
    多数の集団的・反復的・継続的取引の円滑・迅速・確実      企業の便宜
           │                              │
    ┌──┬──┬──┐                      企業金融の
   定型性 迅速性  取引の安全                円滑化
```

商人の信用保持	売主の保護	責任の加重	責任の軽減		

- 代理の方式
- 隔地者間の申込の効力
- 諾否通知義務
- 商事売買
- 多数債務者間の連帯
- 保証人の連帯
- 流質契約の自由
- 商人間の留置権
- 報酬請求権
- 消費貸借の利息請求権
- 送付品保管義務
- 場屋営業者の責任
- 運送人の責任
- 代理権の存続
- 立替金の利息請求権
- 受寄者の注意義務

第8章　商行為・商人の行為に関する規定

8-1　商行為の代理と委任

(1) 代理の方式——非顕名主義

　民法上は代理の方式に関して，顕名主義がとられており，代理人の意思表示の効果が本人に帰属するには，代理人がその代理権の範囲内で，しかも本人のためにすることを示して意思表示をしなければならないが（民99Ⅰ），商行為の代理人が本人（営業主）のためにすることを示さないで行為したときも，原則として，その行為の効果は本人に帰属する（非顕名主義〔504〕）。

　これは，営業主が商業使用人などを使用して大量的，継続的取引をすることが通常である商取引においては，取引のたびに本人の名を示すことは煩雑で取引の敏活を害するし，相手方にとっても，その取引が営業主（本人）のためになされたものであることを知っている場合が多いからである。すなわち，取引の簡易性，迅速性を実現するためにこのように定められている（最大判昭和43・4・24〈37事件〉［105］）。

　代理権を有する者の行為が本人のためになされることを相手方が過失なくして知らなかった場合に，民法では，その行為は代理人の行為となり，代理人に対して履行または損害賠償を請求するしかないが，このような規定が設けられている結果，商法では，代理人に対して履行請求できるのみならず，有効な代理行為とされるから，相手方は本人に対して履行を求めることができることになる。

　なお，ここでいう「商行為」とは，本人のために商行為となる行為をいう（最判昭和51・2・26金法784号33）。

(2) 504条ただし書と相手方の過失

　非顕名主義のもとでは，相手方が行為者が本人のために行為していることを知らず，代理人を本人と信じて取引をする可能性があるので，相手方に不測の損害を与えないため，504条ただし書は，相手方は代理人に対して履行を請求できると定める。しかし，本人のためにすることを知らなかったことにつき相手方に過失がある場合には，そのような相手方を保護する必要はなく，ただし書は適用されず，相手方は本人に対してのみ履行を請求できるとするのが判例（前掲最大判昭和43・4・24）・有力説（大隅・商行為法34，西原123，平出103）であ

る。しかし，相手方が非商人である場合には相手方の保護を考える必要があること，また商法の他の規定の解釈とのバランスからすると，相手方に悪意または重過失がある場合にのみただし書は適用されないと考えるべきであろう。

(3) 504条ただし書が適用される場合の本人と相手方の関係

判例（前掲最大判昭和43・4・24）・多数説（大隅・商行為法33，平出105）は，本人と相手方間には，すでに504条本文によって，代理に基づく法律関係が生じているが，代理人が本人のためにすることを相手方が過失なくして知らなかったときは，相手方保護のため，相手方と代理人間にも上記と同一の法律関係

表 8-1 民事代理と商事代理

		顕名あり	顕名なし	
代理人が本人のためにすることについての相手方の主観的態様			悪意	善意
				知らないことにつき過失	知らないことにつき無過失
民法		本人に効果が帰属 ＝本人と相手方との間に法律関係が発生		代理人に効果帰属 ＝代理人と相手方との間に法律関係が発生
		民99 I	民100 ただし書	民100 本文
商法	判例	本人と相手方との間に法律関係が発生*		
		民99 I	商504 本文	
				代理人と相手方との間に法律関係が発生* 商504 ただし書
	田中誠，田辺など	本人と相手方との間に法律関係が発生		
			代理人は相手方に対して履行義務を負担 商504 ただし書	
	西原**	本人と相手方との間に法律関係が発生		
				代理人は相手方に対して履行義務を負担
	江頭，鴻，森本など	本人と相手方との間に法律関係が発生		
				代理人は相手方に対して履行義務を負担

* 相手方が代理人との法律関係を主張したときは，本人は相手方に対して本人・相手方間の法律関係を主張できないとする。
** 西原 123

が生ずるものとし、相手方が、その選択に従い、本人との法律関係を否定し、代理人との法律関係を主張することを許容したものであるとする[1]。

しかし、判例の説く選択権は、その性質、要件、行使方法および効果のいずれについても明確でないとし、504条ただし書は、相手方が代理人に対して履行の請求をした後も、なお、相手方と本人との間の法律関係が存続し、相手方は本人に対しても履行の請求をすることができるし、本人も相手方に対しその履行を請求することができると解すべきであるとする見解もある。

また、文言に忠実に、本人と相手方との間にのみ法律関係が発生し、代理人と相手方との間には法律関係は発生しないが、相手方に対して代理人は履行義務を負うという見解もある（田中誠81、田辺176）。

有力説（江頭283-284、森本・林還暦中巻295、鴻・百選〔第3版〕40事件解説など）も、504条の趣旨は、非顕名代理人は自己の信用を不当に高くみせがちであるため、第三者を保護する必要がある点にも求められるとして、本人と相手方との間にのみ法律関係が発生し、代理人が本人のために行為していることにつき善意・無過失の相手方は代理人に履行請求できるという見解（ただし、鴻・前掲は有過失の相手方も請求できるとする）をとり、相手方が代理人に対して請求しても、本人は相手方に対して履行請求できるし、相手方は本人に対しても履行請求できるものとする（また、神崎・神戸法学雑誌15巻2号337参照）。

法律関係の早期安定の観点からは、判例の立場を支持できそうであるが、有力説の論拠にも説得力がある。

(4) **商行為の委任**（505）

商行為の受任者は委任の本旨に反しない範囲内で委任を受けていない行為をすることができる（505）。

505条と民法644条の関係につき、取引の便宜・敏活を考慮して、商行為の委任につき特に受任者の事務処理の権限（民644）を拡張して、事情の変更に

---

[1] 504条ただし書により相手方が選択権を有するときに、相手方が選択する前に本人が相手方に対し裁判上の請求をし、その後、相手方が代理人との法律関係を選択した場合には、本人がした裁判上の請求はその訴訟が係属している間、代理人の債権について催告に準じた時効中断の効力を及ぼすと判例（最判昭和48・10・30〈38事件〉[106]）はしている。

応じて委任を受けていない行為をも適宜なしうるようにしたという見解もあるが、通説は、受任者の権限を拡張したように文言上はみえるが、民法の解釈として、委任の趣旨を合理的に解釈すれば、特に明示の委任がなくとも委任の本旨に反しない範囲において事情の変更に応じた適宜の処理をすることができるはずであり、商行為についてもそれ以上のことを認める必要はないのだから、505条の規定は、民法644条の規定の趣旨を明確にした注意的規定にすぎないとする。

通説は505条を単なる注意的規定と位置付けるので、505条にいう「商行為」は、506条にいう「商行為の委任による代理権」についての解釈と異なり、委任された法律行為が商行為であることを意味するのであり、委任自体が商行為であるか否かは問題とならない。

505条の規定が委任者と受任者の内部関係を定めるにとどまるものか、それを超えて外部的な代理権の範囲をも定めるもの[2]かをめぐって見解の対立があるが、通説（西原126）は、505条は委任者と受任者の内部関係を定めたものにすぎないと考えている。委任は代理権を必ずしも伴わないことに加え、相手方保護のためには民法110条による越権代理の制度があり、そして、商業使用人については民法の制度を定型化した規定が置かれており（21Ⅲ・25Ⅱ・26）、代理権の範囲が拡張されると考える必要性は高くないからである。また、505条を単なる注意的規定であると位置付けるのであれば、代理権の拡張をも定めていると解するのは不自然だからである。

(5) **本人の死亡と代理権の存続**（506）

民法上は、本人の死亡は代理権の消滅事由の一つ（民111Ⅰ①）であるが、506条は「商行為の委任による代理権」は本人の死亡によっては消滅しないとする。

通説は、「商行為の委任による代理権」とは本人のために商行為である授権行為によって与えられた代理権を意味すると考えている。この見解は、授権行為が附属的商行為になるという営業の特殊性に注目するものであり、営業上の

---

[2] 504条も506条も代理権に関する規定であることなどを根拠に、505条は対外的代理権の範囲についても定めていると考える見解がある（大隅・商行為法36，田辺179）。また、大判明治38・5・30新聞285号13参照。

第8章 商行為・商人の行為に関する規定

代理人（代理商，商業使用人）は，本人の代理人というよりも営業そのものの代理人という面を事実上有し，営業組織の一部を成すから，営業が存続する限り，敏活・適切な営業活動の確保および相手方保護の観点から，代理権の存続を認める必要があることが506条の立法趣旨であるという前提に立つものである[3]。したがって，商人である受任者にとって商行為である行為を非商人が委任する場合には本条の適用はないことになる（大判昭和13・8・1民集17巻1597）。

また，「委任による」とされているが，代理権授与の基礎となる法律関係は委任に限定されず，雇用や組合でも，本条の適用があると考えられている。

8-2 商行為に適用される規定

商行為法の大部分の規定は，商行為である限り適用され，当事者の一方または双方が商人であることを要しない規定である。そして，当事者の一方にとって商行為である行為については当事者の双方に，当事者の一方が数人ある場合には，その一人にとって商行為である行為についてはその全員に商行為法が適用されるのが原則である（3）。

8-2-1 債務の履行場所 (516)

民法上は，債務の履行場所について別段の意思表示がないときは，特定物の引渡しは，債権発生の当時その物の存在した場所でしなければならず，その他の弁済は，債権者の現在の住所に持参してしなければならないとされているが（民484Ⅰ），商行為によって生じた債務の履行場所がその行為の性質または当事者の意思表示によって定まらないときは，特定物の引渡しは，行為の当時その物の存在した場所でしなければならず，その他の債務の履行は，債権者の現在の営業所に，もし債権者の営業所がないときはその住所に持参してしなけれ

---

[3]「商行為の委任による代理権」とは「商行為をすることの委任による代理権」であると解する見解もある。この見解は，商行為の特殊性に着目したもので，商行為は民事行為と異なり個性をもたないので，商取引の相手方ないし第三者保護の見地からは，営業を離れた個々の商行為についての代理もまた本人の死亡によって直ちに消滅しないと解すべきことを根拠とする。505条の「商行為の受任者」における「商行為」の意義についての多数説の解釈とより自然に整合する解釈である。

ばならないとされている。これは，商行為によって生じた債務の場合には，債権者は商人であることが多いから，一般生活上の本拠地である住所を商人の営業生活上の本拠地である営業所で置き換えたものである。

8-3 企業金融の円滑化

企業金融の円滑化のための規定には，当事者の双方が商人であり，かつその双方のために商行為である行為によって生じた債権に適用される商人間の留置権（521）と債務者にとって商行為である行為についてのみ適用されると考えられている規定（*8-3-1*～*8-3-3*）とがある。

8-3-1 多数債務者間の連帯（511 I）

数人の債務者がある場合，民法上は，別段の意思表示がなければ，原則として各債務者は平等の割合で義務を負う（分割債務，民 427）にとどまるが，数人がその一人以上のために商行為（附属的商行為を含む。最判平成 10・4・14〈40 事件〉[109]）である行為によって債務を負担したときは，その債務を連帯して各自負担するものとされる（連帯債務）（ただし，511 条の規定は任意規定であり，反対の特約が可能である。大判昭和 13・3・16 民集 17 巻 423）。企業の取引活動における債務の履行を確実にすることによって債権者の保護を強化し，これによって取引の安全と敏活を実現するとともに企業金融の円滑を図るためである。

債権者にとってのみ商行為である場合には適用されないし（大判明治 45・2・29 民録 18 輯 148），明文上は必ずしも明らかではないが（ただ，511 条 2 項と異なり，「各別の行為によって債務を負担したときであっても」という文言が入っていないので，反対解釈により），数人が各別の行為によって債務を負担した場合を含まないとするのが通説である。なお，「商行為となる行為によって負担した」債務には，商行為によって負担した債務のみならず，商行為によって負担した債務の不履行による損害賠償請求権，解除による原状回復請求権など，商行為によって生じた債権が変形したものであって，商行為によって生じた債権と実質的に同一性を有すると認められるものを含む。

8-3-2　保証人の連帯（511Ⅱ）

　民法上は，別段の意思表示（特約）がなければ保証は連帯保証とならないが[4]，保証人がある場合に，債務が主たる債務者の商行為によって生じたとき，または保証が商行為であるときは，主たる債務者および保証人が各別の行為をもって債務を負担したときであっても，その債務は各自連帯してこれを負担すべきものとされる（ただし，511条の規定は任意規定であり，反対の特約が可能である。前掲大判昭和13・3・16）。企業の取引活動における債務の履行を確実にすることによって債権者の保護を強化し，これによって取引の安全と敏活を実現するとともに企業金融の円滑を図るためである。

　ここで，「保証が商行為であるとき」とは保証をなす行為が保証人にとって商行為である場合をいう。また，商人の営業債務に関する責任を厳格にしてその信用を重視するという511条2項の立法趣旨および511条1項の規定の解釈として債務者にとって商行為であることが必要であるとされていることとのバランスから，債権者にとって商行為であるにすぎない場合を含まないと解するのが多数説であるが，判例（大判昭和14・12・17民集18巻1681）は債権者にとって商行為であるにすぎない場合にも511条2項が適用されるとする。

　なお，数人の保証人が各別に保証した場合には，511条2項の趣旨から保証人間にも連帯関係が生ずるとするのが判例（大判昭和12・3・10新聞4118号9）・通説である。

8-3-3　流質契約の許容（515）

　商行為によって生じた債権を担保するために設定した質権については，流質契約（質権設定者が質権設定行為または債務の弁済期前の契約をもって，質権者に弁済として質物の所有権を取得させ，その他法律に定めた方法によらないで質物を処分させることを内容とする契約）を禁止する民法の規定（民349）が適用されない。これは，商人は自己の利害を慎重に計算して経済人として合理的に判断することができ，自衛能力を有する者であるから，法の後見的作用を必要とせず，むしろ

---

[4]　連帯保証でない場合には，保証人は催告の抗弁権（民452），検索の抗弁権（民453）を有し，また，保証人が数人ある場合には分別の利益（民456）をも有する。

流質契約を認めることが商人に金融の便を与えることになりうるからである。

そして，債務者が商人である場合には法が後見的任務を果たす必要がないことを515条の立法趣旨であるとするなら，債権者にとって商行為であるにすぎない場合にまでこの規定を適用すべきではないから，「商行為によって生じた債権」というためには，債務者のために商行為である行為より生じた債権であることを要することになる[5]。このように考えることは511条の規定の解釈と平仄がとれたものといえよう。

8-3-4 商人間の留置権（521）

民法上，他人の物の占有者はその物に関して生じた債権を有するときには，その債権の弁済を受けるまでその物を留置できるとされているが（民295），商人間においてその双方のために商行為である行為によって生じた債権が弁済期にあるときは，債権者は弁済を受けるまで，その債務者との間の商行為によって占有を取得した債務者所有の物または有価証券を留置することができるとされている。

これは，流動する商品について個別的に担保権を設定・変更することは煩雑であり，迅速性の要請にそぐわないし，取引にあたって担保権の設定を求めるのは相手方に対する不信を表明するものであると解されるおそれがあるため，債権の担保を強化するためには強力な法定担保権が必要とされるからである[6]。

(1) 商人間の留置権の成立要件

① 当事者双方が商人であること。

② 被担保債権が，当事者双方のために商行為である行為（双方的商行為）によって生じたこと。

したがって，第三者から譲り受けた債権は被担保債権となりえない。そのよ

---

[5] 515条の趣旨を商取引としての金融取引の円滑を図るため，債権の担保の強化を図ったものであると解する立場からは，債権者または債務者のいずれかにとって商行為である行為より生じた債権であれば，515条の適用があることになろう。

[6] 商法上の留置権（521・31・557・562・574・741Ⅱ）を有する者は，破産法上は別除権を有する（破66Ⅰ・65）。また，会社更生手続において，商法上の留置権は更生担保権とされる（会社更生2 X）。

第 8 章　商行為・商人の行為に関する規定

表 8-2　さまざまな留置権

	被 担 保 債 権	目 的 物
民法上の留置権（民 295）	その物に関して生じた債権	その物
	被担保債権と目的物との個別的牽連関係	
商人間の留置権（521）	商人間の双方的商行為によって生じた債権	債務者との間における商行為によって債権者が占有を取得した債務者所有の物・有価証券
代理商（31）・問屋（557）の留置権	本人・委託者のために取引の代理・媒介または物品の販売・買入をなしたことによって生じた債権	本人・委託者のために占有する物・有価証券
運送取扱人（562）・運送人（574・741Ⅱ）の留置権	委託を受けた運送品に関して受け取るべき報酬・運送費・立替金等，運送品の運送に直接関係のある債権	運送物

うな債権は，債権者と債務者との間の取引によって生じたものではないからである。また，第三者から譲り受けた債権を目的物とする商人間の留置権が認められるとすると，債務者の所有物を占有する者が，その債務者に対して第三者が有する債権を譲り受け，これによって留置権を作り出すことが可能となってしまうからである。もっとも，無記名証券または指図証券を譲り受けた場合に，そのような証券上の債権を被担保債権として，商人間の留置権の発生は認められる，すなわち，証券所持人である債権者は誰から取得したかを問わず，証券上の債務者たる商人との商行為によって債権を取得したものと解して，留置権の成立を認めてよいと解するのが多数説である（西原 136，大隅・商行為法 47-48，石井＝鴻 73-74 など。江頭 263 は反対）。

　他方，被担保債権と留置権の目的物との間の個別的牽連性は，民法上の留置権と異なり，不要である。

　③　留置権の目的物が債務者の所有に属する[7]物または有価証券であること。

　留置権の目的物は債務者の所有に属する物または有価証券でなければならな

7）　善意取得の規定の適用はない。

い。したがって，第三者の所有物については債権者が善意のときも留置権は成立しない（善意取得の適用はない）。また，債権者である買主の売買契約の解除により債務者である売主に所有権が復帰した物についても債権者は留置権を行使できないとするのが，裁判例（京都地判昭和 32・12・11 下民集 8 巻 12 号 2302）および通説（江頭 263）である。

　ところで，民法上，「物」には，不動産も含まれるため（民 86），不動産も商人間の留置権の目的物となる（最判平成 29・12・14 民集 71 巻 10 号 2184）。もっとも，建築請負人が請負代金債権を被担保債権として建物の敷地を目的物とする商人間の留置権を主張できるか否かが争われている。裁判例の中には，商人間の商取引で一方当事者所有の不動産の占有が移されたという事実のみで，不動産を取引の担保とする意思が当事者双方にあるとみるのは困難であることなどを理由に，建物についても土地についても商人間の留置権の成立を否定するものがあり（東京高判平成 8・5・28 高民集 49 巻 2 号 17。また，東京高決平成 22・7・26 金法 1906 号 75），学説上も，商人間の留置権の沿革からは動産と有価証券が目的物とされていたこと，旧競売法 22 条は留置権に基づく不動産競売を予定していなかったこと，牽連性のない商人間の留置権が対価的牽連性が強い抵当権に優先するのは整合性を欠くとして，土地を目的物とする商人間の留置権の成立を否定する見解も有力であった。そして，裁判例の中には，板囲いしているなど土地に対する外形的占有の事実だけで留置権は成立するとするものもあるが（東京高決平成 6・2・7 判タ 875 号 281，福岡地判平成 9・6・11 判時 1632 号 127），大多数の裁判例は，業者の土地の使用は，使用貸借契約などの契約関係に基づくものではなく，請負契約に基づき建築工事をして完成した建物を注文主に引き渡す義務の履行のために，注文主の占有補助者として土地を使用しているにすぎず，独立した占有に当たらないこと，目的物を占有しているといえるためには，債権者が自己のためにする意思をもって目的物に対して現実的物支配をしているとみられる状態にあること，すなわち，独立した占有訴権や目的物からの果実の収受権などを債権者に認めるに値する状態にあることが必要であり，工事施工という一時的な事実行為目的による土地使用は，債務者所有の土地に対する占有ということはできないこと（東京高決平成 10・6・12 金法 1540 号 65，東京高決平成 10・12・11 判時 1666 号 141，東京高決平成 11・7・23〈46 事件〉，東京高

第 8 章　商行為・商人の行為に関する規定

決平成 22・9・9 判タ 1338 号 266 など）などを理由に，占有を否定している。しかし，占有は物の事実上の支配であり（民 180），建築請負人が板囲いなどをし，自己の看板を掲げていれば，占有状態にあると解するのが自然であろう。民事留置権の成立との関連では，従来，占有を広く解してきたと考えられる。占有の目的を限定するという解釈によれば，商品保管目的では留置権が発生しないことになりうるが，これは商人間の留置権が認められている趣旨からはおかしいし，そもそも，留置権の成立には約定利用権の存在は不要であり，建設請負人は敷地について黙示の使用権限を有するし，占有権限を第三者に対抗することができるかどうかは留置権の成否の要件ではないと考えられる。

　さらに，建築請負人に土地に対する商人間の留置権を認めると，抵当権など担保権の対象となっている土地の上に建物を建築し，意図的に請負代金を弁済せずに請負人に土地に対する留置権を実行させて抵当権者などに対する配当を減額ないしゼロとすることも可能となるなど，担保権制度の秩序を乱すおそれがあると指摘するものもある（前掲東京高決平成 11・7・23）。これに対して，商人間の留置権と他の担保物権との優劣の関係は対抗要件具備の先後により解決すべきであるとする裁判例（東京高決平成 10・11・27 判時 1666 号 143 参照）もあり，最近の多数説のようである（大阪高決平成 23・6・7 金法 1931 号 93 は商人間の留置権の成立を認めつつ，抵当権者には対抗できないとした）。たしかに，この見解によると批判に応えることができるが，留置権一般については，時間的順序は優先順位の決定基準とされておらず，このような見解は民事執行法 59 条 4 項とも整合しないといえよう。そもそも，土地上に建設をするための貸付けが行われた場合の土地抵当権者は建物の建築を前提に与信しているのであって，リスクは計算可能であるともいえる一方，他に実効的な請負人の保護手段がないという点も指摘できよう（詳細については，神谷・ジュリ 1155 号 271 以下）。

　④　債務者との間における商行為によって，債権者の占有に帰したものであること。

　留置権の目的物の占有を取得する行為自体は当事者間の商行為である必要はないし，占有取得の原因となった商行為が被担保債権の発生原因である商行為であることも要件ではないが，商人間の留置権の成立には，債権者に目的物の占有を取得させる原因となった行為は商人間の行為でなければならない。占有

取得の原因行為の商行為性については，債権者または債務者のどちらかにとって商行為であれば足りるとする見解（鴻常夫・商法研究ノートⅡ26など）と，債権者にとって商行為であることを要するとともにそれで足りるとする見解（西原137，大隅・商行為法48など）とがあるが，商人間の留置権は，商人間の取引関係を一体的に考えて，商人間の継続的な信用取引を担保するためのものであるから，債権者が目的物を占有する原因となった行為も商人間の双方的商行為でなければならないと解すべきであろう。なぜなら，商人間の留置権は商人間の継続的な信用取引を確保するためのものであるから，被担保債権と目的物との間に一般的牽連性があれば足りるとしても，その範囲には合理的な限界があるはずだからである。

⑤　被担保債権の弁済期が到来していること（民法上の留置権と同じである）。

(2)　特約による排除（521ただし書）

当事者の別段の意思表示（特約）によって留置権の成立を排除することができる。

(3)　留置権の効果

民法の原則（民295以下）によるから，留置権者は債権の弁済を受けるまで目的物を留置し（民295Ⅰ），これにより生ずる果実を取得して優先的に弁済に充てることができるが（民297），目的物を売却してその代金から優先的に弁済を受けることはできない。ただし，競売による換価金や約束手形の取立金を留置することはできる（最判平成23・12・15民集65巻9号3511）。

(4)　原因関係上の債務が履行された後の手形の返還義務――商人間の留置権などの関連で

[ケース8]

　　Aは，B振出しの約束手形を担保にYから融資を受け，Yに対して譲渡裏書をした。その後，AはYに対して当該借入金を返済したが，Yは，当該手形金をAがYに対して負っている別口債務の弁済に充てると主張して，当該手形を返還せず，Bに対して，満期に手形金の支払を求めて，当該約束手形を呈示した。

いわゆる二段階創造説によれば，AY間の原因関係が消滅しているため，BはYに無権利の抗弁を主張して，手形金の支払を拒むことができるのが原則である。他方，判例（最大判昭和43・12・25民集22巻13号3548［51］）の立場に

よれば，Yの手形金請求が権利濫用にあたる場合にはBは手形金の支払を拒むことができる。

しかし，[ケース8] の場合に，AもYも商人であるとすると商人間の留置権が発生し，手形を留置することができ，さらに，手形を取り立てて弁済充当することができる可能性がある。もっとも，Yがいわゆる貸金業者であるが会社ではないとすると，貸付行為は商行為ではなく（第2章注5），被担保債権が双方的商行為によって生じたものであるという要件を満たさず，商人間の留置権は発生しない場合がある。また，Yが，たとえば，信用金庫である場合には，Yは商人でないので（最判昭和63・10・18民集42巻8号575），商人間の留置権は発生しない。もっとも，Yが銀行など金融機関である場合には，銀行取引約定書などに，金融機関が理由のいかんを問わず手形の占有を取得した場合には，当該金融機関は，それを取り立てあるいは処分し当該債務者の負う債務に充当するという条項が含まれており，このような場合には，BはYに対して無権利の抗弁あるいは権利濫用の抗弁を主張できないと考えられる。

(5) 破産手続の開始決定と商人間の留置権の効力

商人間の留置権は特別の先取特権とみなされ（破66Ⅰ），別除権として（破65Ⅱ），破産手続によらずに先取特権を行使することができる（破65Ⅰ）。

また，破産手続の開始決定により特別の先取特権とみなされる商人間の留置権の留置的効力は破産手続の開始後も存続する。判例（最判平成10・7・14〈47事件〉）は，特別の先取特権とみなすとする平成16年改正前破産法93条1項（平成16年改正後破66Ⅰ）の文言は当然には商人間の留置権の有していた留置権能を消滅させる意味であると解されず，商人間の留置権を特別の先取特権とみなして優先弁済権を付与した趣旨に照らせば，破産管財人に対する関係において，留置権者が適法に有していた手形に対する留置権能を破産手続の開始（当時は破産宣告）により消滅させ，これにより特別の先取特権の実行が困難となる事態に陥ることを法が予定しているものと考えられないから，商人間の留置権者は破産手続の開始（当時は破産宣告）後も手形を留置する権能を有し，破産管財人からの手形の返還請求を拒むことができるとした。これは，破産管財人による商人間の留置権の消滅請求も（破192），商人間の留置権の留置的効力が破産手続開始後も存続することを前提としていると考えられる。

8-4　当事者の一方が商人である場合の規定

8-4-1　諾否の通知義務（509）

　民法上は契約の申込みを受けても，受けた申込みに対し諾否の通知を発する義務はないし（たとえ申込者が「通知のない限り承諾したものとみなす」と申込みにあたって意思表示しても変わりがない），契約は申込みに対する承諾の意思表示がなければ成立しない（民522Ⅰ）のが原則であるが，商人が平常取引をする者（従来，継続的に取引関係を有し，今後も継続的取引関係が予想される者。「商人が，平常，取引をする」と読点を入れて読むべきである）から，その営業の部類に属する契約（商人が営業として行う基本的商行為に属する契約）の申込みを受けたときは（最判昭和28・10・9〈39事件〉参照），その商人は遅滞なく諾否の通知を発しなければならず，もし，これを怠ったときは申込みを承諾したものとみなす（当然に契約成立の効果が生ずる）とされている。これは，企業取引活動の迅速性の要請に基づくものである。また，商人が営業として行う基本的商行為に関するものであり，諾否を容易に決することができる日常的集団的反復的に行われる取引に関するから，不承諾の通知がなければ契約の成立が当然予想され，そのような場合に相手方の信頼を保護し，取引の安全を図るものであるとも説明できよう。

8-4-2　送付品保管義務（510）

　申込みと同時に物品が送付されてきても，申込みを拒絶した場合には，契約は成立していないため，受け取った物品を保管する義務を負うことはなく，申込者の返還請求に応ずれば，民法上は足りるが，商人がその営業の部類に属する契約の申込みを受けるに際して受け取った物品があるときは，その申込みを拒絶する場合でも申込者の費用で，その物品を保管しなければならない（必ずしも自ら保管する必要はない）。ただし，その物品の価額が保管費用を償うには不足するとき，または保管によって損害を受けるときは保管義務を負わない。

　これは，企業取引においては契約の申込みと同時に，契約の目的物の全部または一部を送付することが少なくないことを前提として，企業取引関係を円滑

8-4-3 報酬請求権（512）

民法上は委任，準委任，寄託，事務管理などにより他人のためにある行為をした場合，費用の償還を請求できるが，特約がなければ報酬を請求することはできない。しかし，商人がその営業の範囲内において他人のためにある行為をなしたときは，費用の償還請求のほかに，相当の報酬を請求することができる（これも任意規定であるから，特約で排除できる）。これは，商人は営利を目的として活動する者であるため，商人の行為は通常，営利の目的のためになされたものと考えられるからである。

ここで，商人の営業の範囲内における行為とは，営業の目的である行為のみならず，広く営業上の利益または便宜を図るための一切の行為を含む。ここで，商人が他人のためにする行為は，法律行為に限らず，保管・運送・不動産の管理等のような事実行為でもよく，その行為自体は商行為でなくともよい。行為者の主観において他人の利益のためにするだけでは足りず，客観的にみて他人のためにする意思をもってしたと認められるものでなければならない。なお，他人の利益のためにすることが必要であるが，自己の利益のためと同時に他人の利益のためにする場合にも報酬請求権は認められる。

民事仲立（第10章注1）の場合に，非委託者に対して報酬を請求するには，客観的にみて，非委託者である相手方当事者のためにする意思をもって仲介行為をしたものと認められることを要し，単に委託者のためにする意思をもってした仲介行為により契約が成立し，その仲介行為の反射的利益が相手方当事者に及ぶだけでは足りない（最判昭和44・6・26〈41事件〉[110]，最判昭和50・12・26民集29巻11号1890）。そして，民事仲立人には非委託者に対する特別の義務が課されていないこと等から，550条2項は類推適用されないと考えるべきである（神作・百選41事件解説参照）。

8-4-4 立替金の利息請求権（513Ⅱ）

民法上は，立替[8]が委任または寄託に基づく場合に利息の償還を請求できるが（民650Ⅰ・665），事務管理の場合には請求できない。しかし，商人は営利

を目的として活動する者であるから，商人が金銭の立替をしたときは法定利息相当分をとらせることが適当であるから，商人がその営業の範囲内において他人のために金銭の立替をしたときは，その立替の日以後の法定利息を請求することができるとされている。

8-4-5　受寄者の注意義務（595）

民法上は，無償寄託の場合には，受寄者は自己の財産におけると同一の注意をもって保管すれば足りるが（民659），商人がその営業の範囲内において寄託（第12章注3）を受けたときは，報酬を受けない場合でも，善良なる管理者の注意をもって保管しなければならない。

これは，商人がその営業の範囲内において無償で寄託を受けた場合に，民法の原則どおり商人である受寄者の注意義務が軽減されるとすると，商人の信用を害し，取引の円滑を害することになるから，商人の信用を高めるためにその責任を厳格化したものである。

8-5　当事者の双方が商人である場合の規定

当事者の双方が商人である場合の規定としては，すでにみた商人間の留置権および第9章でみる商事売買に関する規定のほか，隔地者間における契約の申込みに関する規定および消費貸借の利息請求権に関する規定がある。

8-5-1　隔地者間における契約の申込み（508）

民法上は，申込者が撤回権を留保しない限り，申込者が承諾の通知を受けるのに相当な期間が経過してはじめて，申込みを撤回できるにとどまるため（民525Ⅰ），申込みが撤回されるまでは申込みの効力（承諾適格）は消滅せず，また，申込みを撤回する場合にも，相手方が承諾の通知を発信する前に申込みの撤回の通知が相手方に到達しなければ，申込みはその効力を失わず，契約は成立することになる。これに対して，508条は，商取引においては迅速性が要請され

8）　ここでいう金銭の立替とは，金銭の消費貸借以外で，広く他人のために金銭の出捐をなすことをいう。

ることに鑑み，申込みを受けた者が相当の期間内に承諾の通知を発しないときは，申込みはその効力を失うと定める。しかし，その場合に遅延した承諾を申込者は新たな申込みとみなすことができるとされている。

8-5-2　消費貸借の利息請求権（513 I）

　民法上は，消費貸借は特約がない限り無利息のものとされるが（民587），商人間において金銭の消費貸借をしたときは，利息に関する約定がなくとも貸主は法定利息を請求することができるとされている。これは，商人は営利を目的として活動する者であって，商人が無利息の金銭消費貸借をすることは通常考えられないからである。

　ここで，「商人間において」とは当事者双方が商人資格において金銭の消費貸借をすることを意味する。したがって，商人資格と無関係になされた金銭の消費貸借は，当事者がたまたま商人資格を有したとしても，「商人間において」なされたものではない。商人資格においてする金銭消費貸借とは，商人が営業としてする行為（基本的商行為）または営業のためにする行為（附属的商行為）としてのものである。すなわち，営業の範囲内でなされた金銭消費貸借にのみ本条は適用される。

第9章 商事売買

　商人間の，しかも当事者双方のために商行為である売買には商事売買の規定が適用される（ただし，いずれの規定も任意規定であり，これと異なる特約または商慣習があるときは，それによる）。

9-1 売主の供託および競売権（524）

(1) 売主の供託・競売権の意義

　民法上は，売主が目的物引渡しの義務を履行しようとしても，買主がこれを受け取ることを拒み，もしくは受け取ることができないとき，または過失なくして売主が買主を確知することができないときは，売主は目的物を供託してその引渡義務を免れることができる（民494）。しかし，目的物の競売が許されるのは，目的物が供託に適しないか，滅失・損傷のおそれがあるとき，または過分の保存費用を要するときに限られ，しかも，裁判所の許可を得たときにのみ認められるにすぎない。さらに，競売代金は供託すべきこととされ（民497），競売代金をもって売買代金に充当することは認められない。

　これに対して，商人間の売買においては，売主が目的物引渡しの義務を履行しようとしても，買主が目的物を受け取ることを拒み，または受け取ることができないときは，売主はその物を供託し，または相当の期間を定めて催告した後（目的物が損敗しやすい物であるときは催告は不要であり，事後の通知で足りる），競売（自助売却）することができる。

　これは，商取引においては，取引の簡易・迅速性の要請が高く，売主保護の観点から売主が速やかに目的物の引渡義務を免れることができるようにするために，売主の供託権のほかに売主の自助売却権（競売権）を認め，売買代金を

第9章　商事売買

容易に回収できるようにしたものである。

(2) **売主の供託・競売権が認められるための要件**

① **商人間の売買**　524条は，商人間の売買が当事者双方にとって商行為である場合に適用されるが，附属的商行為であってもよい。

② **買主の受領拒絶・受領不能**　判例（大判明治41・10・12民録14輯994）は，買主の受領遅滞（民413）が，524条に基づく供託の前提条件であると解しているが（ただし，債権者が受領を拒絶することが明らかな場合について，大判大正11・10・25民集1巻616は口頭の提供をせずに供託できる場合があることを認めている），供託は債権者（買主）に不利益を与える制度ではないことを根拠として，債権者の履行遅滞は供託の前提条件でないとするのが通説である。

なお，524条は，過失なくして売主が買主を確知することができないときについては定めていないが，受領拒絶に準じて524条を類推適用すべきであろう。

③ **買主に対する催告**　524条は，相当の期間を定めて催告すれば，裁判所の許可を得ることなく，目的物を競売することを認めるが，ここでいう「相当の期間」とは，買主が目的物を受領すべきか否かを判断するについて相当な期間をいう（大隅65）。買主の保護のため，売主が競売したときは，遅滞なくその通知を買主に対して売主は発しなければならないが，通知がなくとも競売は有効であり（大判大正10・6・10民録27輯1127），通知を怠った売主が買主に対して損害賠償責任を負うだけである。

なお，損傷その他の事由による価格の低落のおそれがある物については催告をせずに競売できるとされている。

9-2　定期売買（525）

売買の性質または当事者の意思表示により，特定の日時または一定の期間内に履行をしなければ，契約をした目的を達することができないような売買を定期売買というが，定期売買には契約の性質から定期売買とされるもの（絶対的定期行為）と意思表示により定期売買とされるもの（相対的定期行為）（最判昭和44・8・29〈50事件〉[117]参照）とがある。

民法上は，定期行為の場合に履行期が到来しても，債務者が履行しないとき

は，相手方は催告をせずに解除できることとされているが（民542Ⅰ④），解除の意思表示は必要である。

　これに対して，商人間の売買においては，定期売買の場合に，当事者の一方が履行をしないでその時期を経過したときは，相手方が直ちにその履行を請求しない限り，契約は解除されたものとみなされる。これは，契約の解除に債権者の意思表示が必要であるとすると，債権者が意思表示するまでの間，債務者は履行の請求を受けるか解除の通知を受けるか不安定な状態に置かれるからである。さらに，債権者が債務者の危険において不当な投機を試みるおそれもある。そこで，債務者の保護と取引の迅速な処理の実現の観点から525条は設けられた。

9-3　買主の検査・通知義務（526）

　民法上は売買の目的物が種類，品質または数量に関して契約の内容に適合しないものである場合には，1年以内であれば，買主はその不適合を理由とする目的物の修補，代替物の引渡しまたは不足分の引渡しによる履行の追完の請求，契約解除，損害賠償または代金減額の請求をすることができる（民562・563・566）。しかし，商人間の売買においては，買主は受け取った目的物を遅滞なく検査しなければならない（526Ⅰ）。そして，その検査により，売買の目的物が種類，品質または数量に関して契約の内容に適合しないことを発見したときは直ちに売主に対してその旨の通知を発しなければ，売主が悪意の場合を除き，その不適合を理由とする目的物の修補，代替物の引渡しまたは不足分の引渡しによる履行の追完の請求，契約解除，代金減額または損害賠償の請求を買主はすることができなくなる（526Ⅱ前段Ⅲ）。ただし，売買の目的物が種類，品質または数量に関して契約の内容に適合しないことを直ちに発見することができない場合には，6ヵ月以内に発見して直ちに通知すれば[1]これらの権利を失わない（526Ⅱ後段）。ここで，直ちに発見することができない場合であるか否かは，その業種の商人が通常用いるべき注意を基準として，判断される。また，

---

1)　発見が6ヵ月以内であれば，通知が6ヵ月以内に発信されなくともよい。

「直ちに」通知するとは、できるだけ早くという意味であり、即座にという意味ではない。なお、検査・通知義務は特約で排除することができる（東京地判平成23・1・20判時2111号48）。

526条が設けられたのは、商取引においては法律関係を早期に確定させる要請が高いからである。売主に引渡当時の目的物の契約内容適合性の調査を可能にし、少なくとも善意の売主には、仕入先等に対する権利の確保と転売等の機会を与えて、売主の利益を保護することが必要であること、売主の危険において買主が不当に投機を行う可能性があること（525条の立法趣旨〔9-2〕参照）、および買主は、専門的知識をもつ商人であるから、目的物を受け取ったときはその契約内容不適合性を容易に発見することができることを考慮したものである。したがって、売主が目的物の契約内容不適合性について悪意の場合には、526条2項の適用はない（526Ⅲ）。

なお、商事売買においては、不特定物の売買が主要な部分を占めるので、526条の存在意義を失わせないため、不特定物売買にも適用されるとするのが、判例（最判昭和35・12・2〈51事件〉[118]）・通説であった。そして、検査・通知を怠った場合には完全な給付〔代替物の引渡し〕を請求する権利も失うと解されてきた（最判昭和47・1・25〈52事件〉[119]）[2]。

9-4 買主の保管・供託義務（527・528）

民法上は売買の目的物の契約内容不適合により買主が解除した場合は、買主は原状回復の一環として、その目的物を返還する義務を負うにすぎないし（民545）、買主が注文品と異なる物品または注文数量を超過する物品の給付を受けた場合には買主はその物品またはその超過する物品を受け取る義務はなく、受け取ったとしても保管等の義務はなく、売主に返還する義務を負うにすぎない。

これに対して、商人間の売買においては、売買の目的物の契約内容不適合により買主が解除した場合には、売主および買主の営業所（営業所がないときは、その住所）が同一市町村の区域内にある場合を除き、買主は売主の費用をもっ

---

[2] 平成29年民法改正により、買主の追完請求権など（民562～566）が特定物・不特定物の区別なく認められるようになったので、この点での違いはなくなった。

て売買の目的物を保管または供託しなければならないが，もしその物が滅失・損傷のおそれのある物であるときは売買の目的物の所在地を管轄する地方裁判所の許可を得てこれを競売（緊急売却）し，その代価を保管または供託しなければならない（527 I II IV）。買主が売買の目的物を競売に付したときは，遅滞なく，売主に対してその旨の通知を発しなければならない（527 III）。これらは，売主から買主に引き渡した物品が買主の注文した物品と異なる場合，またはその物品が注文した数量を超過する場合において注文と異なる物品または注文数量を超過する分についても同様である（528）。

　これは，買主に保管義務を認めないと，物品が放置される危険があり，また（返送された場合の）運送途中の危険と転売の商機の逸失等の不利益を売主が被ることになるからである。さらに，目的物の所在地で転売可能な場合の便宜を考えて，商取引における売主の保護と取引の円滑を図るため設けられたものである。

第10章 仲立と取次ぎ

10-1 （商法上の）仲立人

10-1-1 仲立人の意義

他人間の商行為を媒介することを業とする者を（商法上の）仲立人[1]という (543)。ここで媒介とは当事者の間に立って，それらの者の間に法律行為を成立させることに力を尽くす活動をいう。

仲立契約は，媒介という事実行為をすることの委託であるから，準委任契約である。なお，原則として，商法上の仲立契約は，仲立人は契約の成立につき力を尽くす義務を負い，契約が成立すれば委託者は報酬を支払う義務を負うというものである。すなわち，仲立人と委託者の双方が義務を負う双方的仲立契約[2]である。

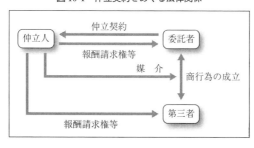

図10-1 仲立契約をめぐる法律関係

---

[1] 当事者のいずれにとっても商行為でない行為の媒介（婚姻の仲介，非商人間の宅地・建物の売買・賃貸借の仲介）を行う者は民事仲立人であって，商法上の仲立人ではないが，商人である（502⑪・4Ⅰ）。

第 10 章　仲立と取次ぎ

10-1-2　仲立人の義務

(1) 善良な管理者としての注意義務

　双方的仲立契約の場合には，民法の委任の規定が準用されるから，仲立人は，委託者に対し受託者として善良な管理者の注意をもって媒介を行い，取引の成立につき力を尽くすべき義務を負う（民 656・644）。

　さらに仲立人は当事者の間に立って商行為の成立につき力を尽くす者であるから，公平誠実に媒介行為の相手方である他方の当事者の利益を図らなければならない。

(2) 見本保管義務（545）

　仲立人はその媒介する行為について見本を受け取ったときは，その行為が完了するまで，その見本を保管しなければならない。これは，後日，当事者間に紛争が生じた場合のために証拠を保全する趣旨である。したがって，「行為が完了するまで」とは，買主が完全な給付があったことを承認し，または契約不適合責任を追及できる期間が経過するなど，目的物の品質等について紛争が起きないことが確実になるまでという意味である。

(3) 結約書交付義務（546）

　仲立人は，その媒介が効を奏し，当事者間に契約が成立したときは，遅滞なく結約書を作成し，これを各当事者に交付しなければならない（546Ⅰ）。これは，契約が成立した事実およびその内容を明確にして当事者間の紛争を防止するために証拠を保存するものである。

　なお，当事者が直ちに履行しなくてよい行為の場合（たとえば，期限付または条件付の行為などの場合）には，各当事者に結約書に署名または記名押印させた後，その結約書を相手方に交付しなければならない（546Ⅱ）。また，当事者の一方が結約書の受領またはその署名もしくは記名押印を拒んだときは，仲立人は，遅滞なく相手方にその旨の通知を発しなければならない（546Ⅲ）。このような場合は，その当事者に契約の成立・内容等に関して何らかの異議がある場合だからである。

---

2) これに対して，仲立人は契約の成立に尽力する義務を負わないが，その尽力により契約が成立したときは委託者が報酬を支払うというものを一方的仲立契約という。

(4) 仲立人日記帳の作成義務（547）

仲立人は，帳簿（仲立人日記帳）を備え，仲立人の媒介によって成立した契約の各当事者その他契約証に記載すべき事項をこれに記載して，保存しなければならない。これは，仲立人の媒介により他人間に成立した契約について，仲立人に証拠を保存させるためである。なお，当事者はいつでも仲立人が自己のために媒介した行為につき仲立人日記帳の謄本の交付を請求することができる。

(5) 氏名・名称の黙秘義務（548）

仲立人は当事者がその氏名または名称を相手方に示さないように命じたときは，当事者に交付する結約書および仲立人日記帳の謄本にその氏名または名称を記載してはならない（ただし，仲立人日記帳〔原本〕には記載しなければならない）。当事者はその相手方に自己の氏名または名称を知られないほうが有利な場合がありうるし，相手方としても当事者を知る必要がない場合が少なくないからである。

(6) 介入義務（549）

仲立人は当事者の一方の氏名または名称をその相手方に示さなかったときは，その相手方の請求に応じ自ら履行の責任を負う。これは，相手方の信頼を保護するためである。

なお，介入義務の履行によっても仲立人が自ら取引の当事者となるわけではなく，自発的に履行して相手方に反対給付を請求することもできない。仲立人が介入義務を履行したときには，仲立人は黙秘当事者に求償できる。

10-1-3　仲立人の報酬請求権（512）

仲立人は商人であるから（502⑪・4Ⅰ），特約がないときでも，その媒介行為について相当の報酬（仲立料）を請求できる。ただし，別段の意思表示または慣習がない限り，仲立人は委託者に対し，媒介行為に要した費用の償還を求めることはできない。

仲立人の媒介によって当事者間に契約が有効に成立し，その効力が発生し[3]，かつ，結約書の作成・交付が終わったこと（550Ⅰ）[4] が報酬を請求するための

---

[3]　したがって，停止条件付法律行為については条件が成就しなければ，報酬を請求できないが，履行されたか否かを問わず，報酬を請求できる。

要件である。

　仲立人の報酬は当事者双方が等しい割合で負担する（550Ⅱ）。この規定は当事者間の内部的な分担を定めたものではなく，仲立人に委任しなかった当事者に対しても仲立人が報酬請求権を有することを意味する。仲立人は，委託者でない当事者に対しても，公平に利益を図るべきとされていることに加え，各種の紛争防止のための義務と氏名黙秘義務，介入義務を負うものとされており，媒介の利益が委託者でない当事者に対しても及んでいると解されるからである（民事仲立の場合については **8-4-3** 参照）。

10-1-4　仲立人の給付受領権限

　別段の意思表示または慣習がない限り，仲立人はその媒介した行為につき当事者のために支払その他の給付を受ける権限を有しない（544）。自己の氏名等を黙秘するように命じた当事者は仲立人に給付受領権限を与えたものと解される。

10-2　問　屋

10-2-1　問屋の意義

　取次ぎとは，自己の名をもって他人（委託者）のために法律行為をすることを引き受けることをいう。取次ぎを業としてする者には問屋，準問屋，運送取扱人などがある。

　そして，自己の名をもって他人のために物品の販売または買入れをすることを業とする者（551）を問屋（といや）という。ここでいう「物品」には有価証券が含まれると解するのが判例（最判昭和32・5・30民集11巻5号854）・通説であり，問屋の典型は金融商品取引業者（証券会社）である。

　ここで，「自己の名をもって」とは，自分が直接法律行為の当事者となり，その行為から生ずる権利義務の主体となること，すなわち，問屋自らが売買契

4）　仲立人が媒介行為を行った後，当事者が故意に仲立人を排除して契約を成立させた場合には，契約証の作成・交付がなくとも報酬請求ができる。

図10-2 問屋をめぐる法律関係

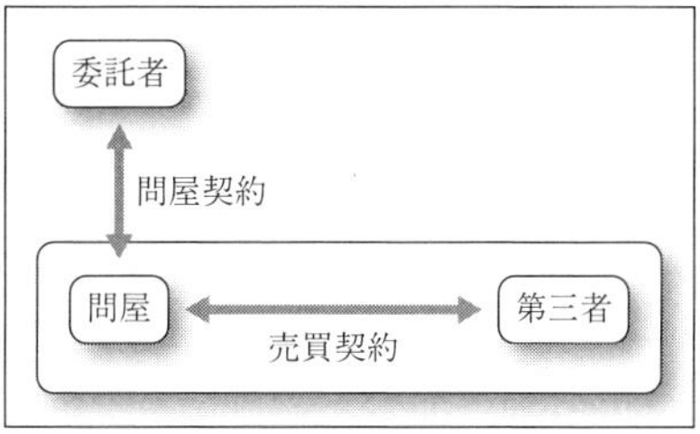

約の当事者（権利義務の主体）となって，他人のために物品の売買をすることをいう。

「他人のために」とは，他人の計算においてすることであって，行為の経済的効果，すなわち損益が他人に帰属することをいう。

問屋が営業として行う基本的商行為は取次契約であって，その実行行為として第三者との間で締結する「物品の販売又は買入れ」の契約は問屋が会社・外国会社でない場合は附属的商行為（503），会社・外国会社である場合にも商行為（会社 5）となる。

10-2-2　問屋と委託者との関係（552 II）

問屋と委託者との間の関係には委任および代理に関する規定が準用される。

(1) 委任の規定の準用

問屋が取次ぎの委託を受けるのは物品の売買という法律行為であるから，問屋と委託者との関係は，委任関係そのものであり，委任の規定が適用されるのは当然だからである。

(2) 代理の規定の準用

委託者と第三者との関係は代理の場合とは異なるにしても，問屋と委託者との関係では，物品の売買がもっぱら委託者の計算でなされるという経済的実質を考慮して，問屋のなした物品の売買の効果が当然に委託者に帰属すると考えるべきだからである。つまり，問屋による譲渡またはその他の特別の権利移転手続を経ることなく，問屋の買い入れた物品の所有権が当然に委託者に帰属することになる。

10-2-3　問屋と第三者との関係

問屋が取次ぎの実行行為としてする売買契約は，問屋が自己の名をもってするものであるから，問屋と第三者との間の契約は単なる売買契約である。すなわち，問屋自身が売主または買主として第三者に対して権利を有し義務を負う（552Ⅰ）。

10-2-4　委託者と第三者との関係

委託者と第三者とは原則として直接の法律関係に立たない。すなわち，問屋から権利の譲渡を受けない限り，委託者は第三者に対して売買契約に基づく権利を自ら直接行使することはできない。しかし，売買による損益が委託者に帰属するという経済的実質に注目して，2つの点で委託者と第三者との実質的関係が問題とされる。

①　第三者の債務不履行によって，実質的には委託者が被った損害についても，問屋が，法律上の売買契約の当事者として，その全損害を，自己の名をもって賠償請求することができる。

②　問屋が委託者の指図に基づいて物品の売買契約を締結したときには，売買契約の成立や効力の決定に関して，委託者の悪意を問屋の悪意と同視できる。

10-2-5　問屋の一般債権者と委託者の関係

[ケース9]
(1)　Aは問屋である甲に金貨1000枚の買付けを委託し，購入代金として20万円を甲に預けたが，甲は買入れ前に破産手続開始決定を受けた。
(2)　Aは問屋である甲に金貨1000枚の買付けを委託し，購入代金として20万円を甲に預けたが，甲は買入れ後，その商品をAに引き渡す前に破産手続開始決定を受けた。
(3)　Aは問屋である甲に金貨1000枚の売却を委託し，商品を甲に預けたが，甲は売却前に破産手続開始決定を受けた。
(4)　Aは問屋である甲に金貨1000枚の売却を委託し，商品を甲に預けたが，甲がその商品を売却後，代金をAに引き渡す前に破産手続開始決定を受けた。

現実には、金融商品取引法や実務における慣行などによって、金融商品取引における委託者の保護はある程度図られているが、ここでは、民法あるいは商法の観点からどのように［ケース9］の事案は考えられるかをみてみよう。

判例（最判昭和43・7・11〈86事件〉［117］）は問屋の一般債権者は、問屋が委託者のために第三者と行う売買によって生ずる権利の帰属関係に関しては、問屋と一体をなすものと考えるべきであるから、委託者は内部関係における自己への権利帰属を問屋の一般債権者に対しても主張できるとしている。552条2項は、問屋の一般債権者と委託者との関係を除外するほどの積極的な意味をもつものではないし、問屋の一般債権者は問屋の一般財産につき、一般的・抽象的な利益を有するにとどまるが、委託者は委託者と問屋の関係で委託者に帰属する特定の財産について実質的権利者として個別的・具体的な利益を有するから、委託者の利益を一般債権者の利益よりも優先して保護することが妥当だからである。

しかし、破産法62条に基づいて、Aが取戻権を行使することができるとするためには、取戻権の対象が特定されていなければならない。ところが、金銭については所有と占有が一致すると考えられ、問屋の受領した金銭は問屋の所有に属するから[5]、(1)の場合は当然、(4)の場合も、すでに甲が代金を受領していた場合にはAの取戻権は認められない[6]。これに対して、(4)の場合でも、甲が代金債権を有している段階であれば、代金債権を委託品の代償として取り戻すことができる（破64）。

また、(3)の場合には、委託者であるAが所有権を留保している限り、Aは

---

[5] 業務上横領罪の成否との関連では、金銭も委託者に帰属するとするのが判例である（大判大正12・12・1刑集2巻895、最決昭和33・6・5刑集12巻9号1976）。

[6] 問屋（甲）が帳簿上分別管理していた場合にもAの取戻権が認められないのかが問題となりうるが、物理的に分別保管していた場合は格別、帳簿上の分別のみでは取戻権の行使の前提となる特定はないと考えるのが一般的であろう。金融商品取引業者について、金融商品取引法43条の2第2項は、顧客分別金（顧客から預託を受けた金銭などについて金融商品取引業を廃止等した場合に顧客に返還すべき額として内閣府令で定めるところにより算定したものに相当する金銭）を国内において信託会社等に信託をしなければならないと定めるが、これは、帳簿上の分別のみでは取戻権の行使の前提となる特定はないと解されるおそれが大きいためであろう。

取戻権を行使できる。さらに，(2)の場合も前掲最判昭和43・7・11によれば，Aは取戻権を行使できる。ただし，問屋が多数の委託者から代替物の売買委託を受け，自己売買もしているような場合[7]には，対象を特定できないために取戻権を行使できないという可能性はある。

なお，(2)の場合については，所有権移転の合意および占有改定の意思表示は問屋が所有権を取得する前にすることができ（先行的所有権移転・占有改定）（大判大正7・4・29民録24輯785），委託者が代金を問屋に前払している場合には先行的所有権移転・占有改定の合意が成立しているとみる余地があり，前掲最判昭和43・7・11の理論構成によらなくとも，取戻権を行使できると考える余地がある。

10-2-6　問屋の義務

(1)　善良な管理者としての注意を払う義務

問屋と委託者との関係は委任であるから，商法に規定がないときは民法の委任に関する規定（民643〜655）が適用され，問屋は，受任者として善良な管理者の注意（民644）をもって事務を処理する義務を負う。

(2)　通知の義務（557・27）

問屋は販売または買入れをしたときは，そのつど，売買契約の履行行為が結了する以前でも，委託者の請求を待たないで，その通知をしなければならない。これは，商取引の迅速性の要請に基づくものである。

民法上も，受任者は委任者の請求があるときは，いつでも委任事務処理の状況を報告し，また委任終了の後は遅滞なくその顛末を報告しなければならないが（民645），問屋は委託者の請求を待つことなく，また委任が終了したか否かにかかわりなく，通知を発しなければならない。

(3)　指値遵守義務（554）

委託者が物品の販売または買入れにつき指値をした場合（特定の価格未満の価格では販売せず，または，特定の価格を超える価格では買入れをしないよう指示した場

---

[7] このような問題があるため，金融商品取引法43条の2第1項は，自己（金融商品取引業者等）の固有財産と顧客から預託を受けまたはその計算において自己が占有する有価証券を分別保管することを要求する。

合）に問屋が指値を遵守しなかったときは，委託者は契約が自己の計算でなされたことを否認できる。問屋が委託者の指定した価格より高価で販売し，または安価で買い入れた場合については，商法に特別の規定はないが，販売または買入れが委託者の計算においてなされるものであることから，原則として，そのような有利な売買による利益はすべて委託者に帰属する。

ただし，問屋が指値と現実の販売価格または買入価格との差額を負担するときは，その販売または買入れは委託者に対して効力を生ずる（554）。委託者にとっては一定価格により売買がなされれば足りるのがふつうであり，問屋にとっても報酬の範囲で指定された価格（指値）との差額を自己が負担しても利益を得ることが可能だからである。

なお，問屋の差額負担は，無条件で差額の全額につきされる必要があり，その負担の意思表示は遅くとも販売または買入れの通知と同時に委託者に到達しなければならない。

(4) 履行担保責任（553）

問屋は，委託者のためにした販売または買入れにつき，相手方が問屋に対して負担している債務を履行しないときは，別段の意思表示または別段の慣習がない限り，委託者に対して自ら履行の責任を負う。相手方との直接の法律関係がなく，相手方から救済を受けることが困難な委託者を保護し，また，問屋制度の信用を維持するためである。

10-2-7 問屋の権利

(1) 報酬請求権等

問屋は商人であるから（502⑪・4Ⅰ），委託者のためにした販売または買入れにつき，特約がない場合にも相当の報酬を請求することができ（512），必要な費用の前払を請求することができる（民649）。また，特約がなくとも，必要な費用の立替をしたときは，その立替金およびこれに対する立替の日以後における法定利息の償還を請求することができる（513Ⅱ）。

(2) 問屋の留置権（557・31）

問屋は，委託者のためにする物品の販売または買入れによって生じた債務が弁済期にあるときは，別段の意思表示のない限り，その弁済を受けるまで委託

第10章　仲立と取次ぎ

者のために占有する物または有価証券を留置することができる。企業における信用取引の円滑安全を図るために認められたものである。さらに，問屋の取次行為が頻繁に行われ，また委託者との委託関係が密接かつ継続的であることから問屋の保護を図るものである（第8章注6参照）。

(3)　**問屋の供託・競売権**（556・524）

買入れを委託した者が問屋が買い入れた物品を受け取ることを拒み，または，これを受け取ることができないときは，問屋はその物品を供託し，または相当の期間を定めて催告をした後に，競売することができる。買入委託の場合は，問屋は商事売買における売主に類似した地位に立つことから問屋保護のため認められたものである。

(4)　**問屋の介入権**（555）

問屋は取引所の相場のある物品の販売または買入れの委託を受けたときは，自ら買主または売主となることができる。問屋が自ら委託の相手方（買主または売主）となると利害が対立するのがふつうであるが，販売または買入れが公正に行われて，委託者の利益を害するおそれのないことが明らかな場合には，問屋が買主または売主となっても支障はなく，かえって，問屋および委託者の双方にとって有利なこともあるからである。すなわち，客観的な相場がある物品が，その相場で販売または買入れされるならば，売買が公正に行われたという保証があるので，委託者の利益が害されることはないと考えられ，問屋の介入権が認められている。

10-3　準問屋

自己の名をもって他人のために物品の販売または買入れ以外の行為をすることを業とする者を準問屋といい，準問屋には問屋に関する規定が準用される（558）。

なお，準問屋の定義からは，準問屋には（物品運送の）運送取扱人も含まれるが，商法は（物品運送の）運送取扱人について特別に規定を設けている。

10-4 運送取扱人

10-4-1 運送取扱人の意義

　自己の名をもって物品運送[8]の取次ぎ（自己の名をもって委託者の計算で運送人を選択し，その運送人と物品運送契約を締結すること）をすることを業とする者を運送取扱人[9]という（559Ⅰ）。運送取扱人は問屋と同じく取次商なので，運送取扱人には，別段の規定がある場合を除き問屋に関する規定が準用される（559Ⅱ）。取次ぎの目的である運送には陸上運送のみならず，海上運送や航空運送も含まれる。なお，運送取扱人の業務には，その営業の性質上，運送に必要な各種の行為（運送品の包装の検査，運送品の計量，通関書類その他の必要書類の作成，運送人に対する指図〔580〕，到達地において運送人から運送品を受け取りこれを受取人に引き渡すことなど）をすることも含まれ，運送取扱契約は委任・準委任の性質を有するから，商法に規定がない場合には民法の委任の規定が補充的に適用される。

---

[8] 旅客運送の取次ぎを行う者は準問屋（558）である。
[9] 到達地においてその地の運送取扱人が運送品を受け取り，保管，配達，通関手続などをしたのち運送品の受取人に引き渡されることが少なくないが，到達地でこのような行為をする者（到達地運送取扱人）は自己の名で運送人と運送契約を締結する者ではないから，商法上の運送取扱人ではない。しかし，このような業務は運送の取次ぎに必然的に付随する業務であるから，到達地運送取扱人には運送取扱人に関する規定が準用されると考えられている。たとえば，荷送人が到達地運送取扱人に対し，運送品につき貨物引換証（当時）が発行された旨を通知したときは，運送取扱人は貨物引換証と引き換えに運送品を引き渡すべきであり，このことは貨物引換証が法定の要件の記載を欠くため無効である場合でも同様であって，運送取扱人が貨物引換証と引き換えないで運送品を荷受人に交付し，これによって荷送人の運送品に対する権利を滅失させたときには，荷送人に生じた損害を運送取扱人は賠償しなければならない（大判昭和3・12・28新聞2946号9）。そして，到達地運送取扱人は最初の運送取扱人の指図に従い運送の取扱いをすることを要し，これに従わなかったために生じた損害については，荷主に対し最初の運送取扱人と同一の責任を負うべき慣習が存在するとされている（大判大正13・6・6新聞2288号17）。

第 10 章　仲立と取次ぎ

10-4-2　運送取扱人の権利・義務

(1)　損害賠償責任

　運送取扱人は運送品の受取り，保管，引渡し，運送人の選択その他運送の取次ぎについて注意を怠らなかったことを証明しない限り，運送品の受取りから荷受人への引渡しまでの間の運送品の滅失・損傷または延着につき損害賠償の責任を負う (560)。これは，運送人の損害賠償責任に関する 575 条と同趣旨の規定である (*11-1-1*(2)②参照)。

　運送取扱人は運送人または他の運送取扱人 (中間運送取扱人，最後の運送取扱人など) を選択するに際して，善良な管理者としての注意を払わなければならない。なお，運送取扱人が，委託者に対して貨物を運送すべき船舶名およびその性能等を案内し，かつ委託者の了承を得てその船舶に運送を委託したことを証明したのみでは，運送品の滅失・毀損につき損害賠償責任を免れないとする裁判例がある (東京地判昭和 39・5・30 判時 375 号 75)。なお，560 条は，運送取扱人に運送の取次ぎについての注意を要求している。運送取扱人は自ら運送するものではないから，運送に関して直接注意を払う義務を負うことはなく，運送取扱人が自ら運送した場合でなければ同条は適用されないとするのが通説である (広島区判大正 8・12・15 新聞 1659 号 16)。

　また，運送取扱人は，委託者から運送品を受け取ったときから，運送人に引き渡すまでの間，委託を受けた貨物を善良な管理者の注意をもって保管する義務を負う。さらに，運送取扱契約が到達地運送取扱い (運送取扱人が到達地において運送人から運送品を受け取り，これを運送品受取人に引き渡すこと) も定めている場合には，運送取扱人は，到達地において運送人から運送品を受け取り，保管し，荷受人またはその代理人に運送品を引き渡す義務を負う。荷受人が荷物の受取りを拒否した場合，運送取扱人としては，まず荷送人に対してその旨を通知して，荷物の処置につきその指図を受けるか，またはその了解のもとに適切な方法を講じなければならない (最判昭和 30・4・12 民集 9 巻 4 号 474)。

　損害賠償額については，商法に特別な規定がないので，民法の債務不履行責任に関する一般原則によるが，高価品に関する運送人の責任についての規定 (577) (*11-1-1*(2)②(c)参照) が運送取扱人にも準用されている (564)。なお，560

条は任意規定であるから，運送取扱人は特約によりその責任の減免を受けることができる。なお，運送取扱人の故意・過失により損害が生じた場合に，不法行為に基づく責任をも追及できるかについては，運送人の責任に関する議論（**11-1-1**(2)②(f)参照）と同じ問題がある。

(2) 運送取扱人の権利

① **報酬請求権**（512）　運送取扱人は，特約がなくても，委託者に対して相当の報酬を請求することができる（512）。ただし，運送取扱契約で運送賃の額を定めた場合（確定運賃運送取扱契約）には，運送取扱人は，特約のない限り，別に報酬を請求することはできない（561Ⅱ）。この場合には，当事者は運送取扱人の受け取るべき報酬をも含めて運送賃を定めたものと解されるからである。

なお，運送取扱契約において到達地運送取扱いを定めている場合には到達地において運送品を運送品受取人に引き渡したときに，それ以外の場合には運送人に運送品を引き渡したときに，それぞれ委託者に対し報酬を請求することができる（561Ⅰ）。

② **費用償還請求権**　運送取扱人は運送契約に基づいて運送人に支払った運送賃その他の費用を委託者に請求できる（559Ⅱ・552，民649・650）。

③ **運送取扱人の留置権**（562）　運送取扱人は，運送品に関し，受け取るべき報酬，付随費用，運送賃その他委託者のために支出した立替金についてのみ，その運送品を留置することができる（第8章注6参照）。なお，運送取扱人は，この留置権のほか，その要件を満たす限り，一般の商人間の留置権（521）も有する。

④ **介入権**（563Ⅰ）　運送取扱人は，特約がない限り自ら運送をすることができ（介入権），この場合には，運送取扱人は運送人と同一の権利義務を有する（563Ⅰ）。運送取扱人は運送営業を兼営していることがありうるし，また自らは運送営業をしていないときでも，他の運送業者を下請運送人として利用する運送を行うことができるからである。なお，運送の場合には，運送賃や運送方法が一般に定型化し，介入を認めても弊害がないと考えられるため，問屋のような制約（取引所の相場があること）は課されていない。

なお，運送取扱人が委託者の請求により船荷証券または複合運送証券を作成

したときは，自ら運送をするものとみなされる（563Ⅱ）。これは，一般には，介入の擬制であると理解されているが，申込みと承諾による運送契約の成立が認められると解する見解もある。

(3) **時効期間**

運送取扱人の委託者または荷受人に対する債権は，これを行使することができる時から1年間行使しないときは時効によって消滅する（564・586）。

他方，証拠保全の困難および責任関係の早期迅速な解決の要請の観点から，運送取扱人の責任は，荷受人に対する運送品の引渡しがされた日または運送品の全部の滅失の場合にはその引渡しがされるべき日から1年以内に裁判上の請求がされないときは消滅する（564・585Ⅰ）。

10-4-3　運送取扱人と荷受人との関係

運送取扱契約は委託者と運送取扱人との間の契約であって，運送取扱人と荷受人との間には直接の法律関係はない。しかし，荷受人は，運送品が到達地に到着し，または運送品の全部が滅失したときは，運送取扱契約によって生じた委託者の権利と同一の権利を取得する。そして，荷受人が運送品の引渡またはその損害賠償の請求をしたときは，委託者は，その権利を行使することができなくなる（564・581ⅠⅡ）。また荷受人は，運送品を受け取ったときは，運送取扱人に対し報酬・運送賃その他の費用を支払わなければならない（564・581Ⅲ）。

10-4-4　相次運送取扱い

(1) **相次運送取扱いの意義**

最初の運送取扱人が自己の名で，委託者の計算で第二の運送取扱人を選任し，これに必要な運送取扱いをさせることがある（狭義の相次運送取扱い）[10]。この場合の第二以下の運送取扱人を中間運送取扱人（到達地運送取扱人を含む）という。最初の運送取扱人（元請運送取扱人）は自己の名で，委託者の計算で中間運

---

[10] 最初の運送取扱人が他の運送取扱人を「自己の計算で」使用する場合（下請運送取扱い），委託者が自ら各区間について別々の運送取扱人に委託する場合（部分運送取扱い）とは異なる。

送取扱人との間で運送取扱契約を結ぶので，最初の運送取扱人は，委託者に対し中間運送取扱人の選定については責任を負うが（560），中間運送取扱人自身の過失については責任を負わない。

(2) 相次運送取扱人の権利義務

① 相次運送取扱人の義務　数人相次いで運送の取次ぎをする（狭義の相次運送取扱い）場合においては，後者は前者に代わってその権利を行使する義務を負う（564・579Ⅰ）。すなわち，中間運送取扱人は，直前の運送取扱人のために手数料や立替金その他の費用を取り立て，またその支払がないときは留置権を行使する義務を負う。564条により準用される579条1項との関係での前の運送取扱人は，自己に運送取扱いを委託した直接の前者をいい，数個の相次運送取扱いがある場合でも，すべての前者をいうのではないとするのが通説である。これは，直接の前者が自己（後者）にとって委託者にあたり，受託者は委託者の利益を保護する義務を負うことが，564条により準用される579条1項の立法趣旨と考えられるからである。

② 相次運送取扱人の権利　狭義の相次運送取扱いにおける後の運送取扱人は，前の運送取扱人に弁済したときは，前の運送取扱人の権利を法律上当然に取得する（564・579Ⅱ）。直接の「前の運送取扱人」でない者に対し，後の運送取扱人が弁済しても弊害はないから，564条にいう「前の運送取扱人」は，直接の「前の運送取扱人」に限らず，すべての「前の運送取扱人」を含むと解されている。

同様に，後の運送取扱人が前の運送取扱人が締結した運送契約上の運送人に弁済したときは，運送人の権利を法律上当然に取得する（564・579Ⅱ）。

第11章　運送営業と倉庫営業

　運送とは，物品または旅客を場所的に移動させることであり，運送人とは，陸上運送（陸上における物品または旅客の運送），海上運送（船舶による物品または旅客の運送）または航空運送（航空機による物品または旅客の運送）の引受けをすることを業とする者をいう（569）。運送契約は，運送という仕事（事実行為）の完成を目的とする請負契約の一種である。

11-1　物品運送

　物品運送契約は，運送人が荷送人からある物品を受け取りこれを運送して荷受人に引き渡すことを約し，荷送人がその結果に対してその運送賃を支払うことを約するものである（570）。

11-1-1　荷送人（運送の委託者）と運送人との関係

(1)　運送人の権利・荷送人の義務

　①　送り状交付請求権（571）　　荷送人は運送人の請求により送り状を交付しなければならない（571 I）。これは，運送品や荷受人，到達地等，運送契約の内容を運送人や荷受人に確知させるためである。送り状には，運送品の種類，容積もしくは重量，または包もしくは個品の数および運送品の記号，荷造りの種類，荷送人および荷受人の氏名または名称，発送地および到達地，を記載すべきこととされている（571 I）。

　なお，荷送人は，送り状の交付に代えて，法務省令で定めるところにより，運送人の承諾を得て，送り状に記載すべき事項を電磁的方法（電子情報処理組織を使用する方法その他の情報通信の技術を利用する方法であって法務省令で定めるも

第 11 章　運送営業と倉庫営業

の）により提供することができ，この場合には，送り状を交付したものとみなされる（571Ⅱ）。これは，実務上，送り状に関する情報は，電子メールやファクシミリ等により運送人に提供されることも少なくないことに鑑みたものである。

　送り状は，有価証券ではなく，運送契約に関する証拠書面にすぎないし，送り状の作成・交付がなくても運送契約は成立する（最判昭和 30・1・27 民集 9 巻 1 号 42 参照）。しかし，荷送人の故意・過失により送り状に不実または不正確な記載がなされ，その結果，運送人が損害を被った場合（たとえば，運送人が送り状の不実記載に基づいて船荷証券を作成し，その結果，荷受人に対して損害賠償責任を負った場合〔*11-1-3*(4)②〕）には，荷送人は損害賠償責任（債務不履行責任）を負う。

　②　**危険物に関する通知義務**　　現代社会における危険物の多様化やその取扱いの重要性に鑑みて，荷送人は，運送品が引火性，爆発性その他の危険性を有するものであるときは，その引渡しの前に，運送人に対し，その旨および当該運送品の品名，性質その他の当該運送品の安全な運送に必要な情報を通知しなければならないものとされている（572）。運送品が危険物であることを知ることができれば，運送人は，その運送品の危険性の内容，程度および運搬，保管方法等の取扱い上の注意事項を調査し，適切な積付け等を実施して，事故の発生を未然に防止することができると期待されるからである（最判平成 5・3・25 民集 47 巻 4 号 3079 参照）。荷送人がこの通知義務を怠ったことによって，運送人が損害を被った場合には，債務不履行に関する民法の規定（民 415）が適用され，その違反が荷送人の責めに帰することができない事由によるものであるときを除き，運送人に対して，その損害を賠償する責任を負う。

　③　**運送賃請求権**（512・573）　　運送人は商人なので（502④・4Ⅰ），特約がなくても相当の運送賃を請求することができる（512）。そして，到達地における運送品の引渡しと同時に運送賃は支払われる（573Ⅰ）。

　なお，運送品がその性質または瑕疵によって滅失または損傷したときは，荷送人は運送賃の支払を拒むことができない（573Ⅱ）[1]。

---

1) なお，平成 30 年改正後も，平成 29 年改正後民法が施行される平成 32 年 4 月 1 日までの間は，運送品の滅失・損傷が生じた場合について平成 30 年改正前商法が定めてい

④ **費用償還請求権**（513Ⅱ）　運送人は，運送品に関して支出した立替金その他の費用（関税，保険料，倉庫保管料など）の支払を荷送人に対して請求できる（574参照）。

⑤ **留置権**（574・741Ⅱ）　運送人は，運送品に関して受け取るべき運送賃，付随の費用および立替金（また，741Ⅰも参照）について運送品を留置することができる（第8章注6参照）。運送行為を完了していないために運送賃支払請求権が発生していないときは留置権は発生しない（大判昭和5・4・28新聞3125号9）。また，運送人が留置権を有する場合でも，立替金または前貸金につき荷受人に対して弁済を請求することはできない（大判昭和2・4・22民集6巻203）。なお，運送人は，この留置権のほか，その要件を満たす限り，一般の商人間の留置権（521）をも有する。

⑥ **先取特権**（民318）　運送人は民法によって，荷物の運送賃および付随の費用について，その占有する荷物（運送品）の上に先取特権を有する。

⑦ **運送人の供託・競売権**（582・583）　これは，運送人を保護するためである。

運送人が荷受人を確知できないときには運送人は供託権および競売権を有する。すなわち，運送人は，荷受人を確知できないときは，運送品を供託することができる（582Ⅰ）。また，船荷証券が作成された場合を除き（768），運送人は，荷送人に対し相当の期間を定めて運送品の処分につき指図をすべき旨を催告し，その期間内に荷送人から指図がないときは運送品を競売することができる（582Ⅱ）（ただし，損傷その他の事由による価格の低落のおそれのある運送品は，催告することなく直ちに競売することができる〔582Ⅲ〕）。

供託または競売したときは，遅滞なく荷送人にその通知を発しなければならない（582Ⅴ）。また，競売したときは，その代価を供託しなければならないが，

たのと同じ規律が適用される。すなわち，運送品が不可抗力によって滅失し，または損傷したときは，運送人は，運送賃を請求することができず，すでに受け取っていた運送賃を返還しなければならない（573Ⅱ）。また，運送品がその性質もしくは瑕疵または荷送人の過失によって滅失し，または損傷したときは，運送人は，運送賃の全額を請求することができる（573Ⅲ）。本文に示したような規律とされるのは，改正後民法536条1項及び2項本文を踏まえたものである。

第 11 章　運送営業と倉庫営業

その代価の全部または一部を運送賃，立替金その他の費用に充当することができる（582Ⅳ）。

また，荷受人が運送品を受け取ることができず，または荷受人が理由を示さずに受領を拒絶する場合も運送人は同様の権利を有するが，荷受人が運送品の数量不足，品質相違その他の理由で受領を拒む（運送品の引渡しに関して争う）場合にも供託することができ，競売することができる（583）。しかし，この場合にはまず相当の期間を定めて荷受人に運送品の受取りを催告し，その期間が経過してもなお受け取らない場合には，次に荷送人に期間を定めて指図を求め，その期間内に指図がなければ，運送人は競売することができるにすぎない。

なお，海上物品運送契約のうち個品運送契約（個々の運送品を目的とする運送契約〔737〕）の場合には，第三者が運送品の占有を取得したときを除き，運送人は，荷受人に運送品を引き渡した後においても，運送賃等の支払を受けるため，その運送品を競売に付することができる（742）。

(2)　運送人の義務

① 荷送人等の指図に従う義務　荷送人（船荷証券が作成された場合には，船荷証券の所持人〔768〕）は，運送人に対して，運送の中止，荷受人の変更その他の処分を請求することができる（580前段）。運送中の市場の動向や買主の信用状態の変化に対処することができるようにするためにこのような運送品の処分権が荷送人等に認められている。到達地に達するまでの間は，荷受人は処分権を有しないが，船荷証券が作成された場合を除き（768），運送品が到達地に到着したときは，荷受人が運送品について権利を取得し（581Ⅰ），荷送人の処分権は，運送品が到達地に到着した後，荷受人がその引渡しを請求したときは消滅する（581Ⅱ）。

運送人が従うべき荷送人の指図の範囲は，一方的に運送人の義務を加重したり，運送契約上の義務を本質的に変更するものであってはならない。運送人が荷送人の指図に従って運送品を処分したときは，運送人はすでにした運送の割合に応じた運送賃，付随の費用，立替金およびその処分によって生じた費用の弁済を請求することができる（580後段）。

② 運送人の損害賠償責任

[ケース10]
宝石商であるAは，時価80万円のダイヤモンドがちりばめられたブローチが入った茶封筒の運送を，内容物の種類および価額を通知することなく，Bに依頼した。ところが，Bの使用人であるCの過失により，その茶封筒が運送の途中で行方不明になった。
(1) AはBに対して，80万円の損害賠償を請求できるか。
(2) もし，そのダイヤモンドがDの所有物であり，Aは加工を依頼され，それをDに送付する場合であったとすると，DはBに対して，80万円の損害賠償を請求できるか。

(a) 運送人の債務不履行責任（575）　運送人が，運送品の受取り，引渡し，保管および運送に関し注意を怠らなかったことを証明するのでなければ，運送品の滅失[2]・損傷または延着につき損害賠償の責任を負う（**10-4-2**(1)も参照）。575条の規定は民法の債務不履行に関する原則（民415）と同様の責任を運送人について定めたにすぎないと現在では解されている[3]。

(b) 損害賠償額の特則（576）　576条は，運送人が大量の運送品を低廉な料金で運送することを考慮して，損害賠償の範囲から特別損害を除外し，通常生ずべき損害の範囲に限定し，かつ取引の大量性と迅速性の要請に鑑み，損害額の算定の定型化を図っている。

すなわち，運送品の滅失または損傷の場合の損害賠償額は，引渡しがされるべき地および時における運送品の市場価格（取引所の相場のある物品について，その相場）により定まる額，市場価格がないときは，その地および時における同種類で同一の品質の物品の正常な価格により定まる額である（576 I）。ここで，引渡しがされるべき日とは，普通の経過において運送品が引渡地に到着し，荷受人に交付することができたであろう日である。

---

2) 運送人が真の荷受人以外の者に引き渡した場合には，その運送品が現実に滅失したかまたは誤って引渡しを受けた者がそれを処分（売却等）してしまったときに滅失と同視される（大判昭和17・5・30法学12巻150）。

3) ローマ法のもとでは，海上運送人，旅館および駅舎の主人は，その引き受けた物品を安全に保管して返還すべき義務を負い，返還できないことに対して無過失の損害賠償責任を負ったというレセプツム責任に由来する厳格な責任を運送人に課した特別規定とかつては解されていた。

第 11 章　運送営業と倉庫営業

　この基準によって算定される額より実損額が少ないことを運送人が立証しても，この基準により算定される額を賠償すべきであるとするのが通説であるが，運送人またはその使用人の故意・過失により，運送品が全部滅失等した場合であっても，荷送人または荷受人に全く損害が生じない場合には，運送人はなんら損害賠償責任を負わないというのが判例（最判昭和 53・4・20〈95 事件〉[129]）・多数説である。

　なお，運送品の滅失または損傷のため支払わなくてよい運送賃その他の費用は賠償額から控除される（576Ⅱ）。

　他方，運送人の故意または重過失により運送品が滅失または損傷したときは，運送人の保護を図る必要がないから，一般原則に戻って，運送人は一切の損害を賠償しなければならない（576Ⅲ）。「運送人の故意又は重大な過失」と定めているが，使用人の故意・重過失による場合を含むことは当然である。

　　　　　(c) 高価品の特則 (577)　　貨幣，有価証券その他の高価品については，荷送人が運送を委託するにあたりその種類（高価品にあたるか否かを識別できる程度の種別〔大阪地判昭和 30・3・8 判時 75 号 18〕）および価額を通知した場合を除き，運送人は損害賠償の責任を負わない（577Ⅰ）。高価品は盗難その他の滅失が生じやすく，損害も巨額にのぼり，もし高価品であることの通知があったならば，運送人は特別な注意を払って運送することができ，責任保険をかけることも可能であったこと，また相当の割増運賃を請求することができたであろうことから，このような規定が設けられている。

　高価品とは，容積または重量の割に著しく高価な物品をいい（最判昭和 45・4・21〈98 事件〉），社会・取引通念，取引の状態，商慣習などに従って判断され，貨幣，有価証券のほか貴金属，宝石，美術品，骨董品，毛皮等が含まれる。他方，容積重量とも相当巨大であって，その高価なことが一見明瞭な研磨機は，577 条の高価品にはあたらないとされている（前掲最判昭和 45・4・21）。「高価」か否かは，原則として，交換価値，交換価値が判明しないときは再調達費用[4]によって判断するのが原則であるが，577 条の立法趣旨からは，滅失等の場合に運送人が負う可能性のある損害賠償額の大きさに注目すべきである。この点，

---

4) フロッピーディスク 18 枚で，評価額（再入力費用）が 220 万円であった場合に，高価品とした裁判例がある（神戸地判平成 2・7・24 判時 1381 号 81）。

新聞原稿を高価品と認定した裁判例（釧路区判昭和2・9・12新聞2743号6）は正当であるが，パスポートは1通あたり約1万円の再発行費用を要するにすぎないとして高価品ではないとしつつ，約100万円の損害額を認定した裁判例（東京地判平成元・4・20判時1337号129）は説得力を欠く。

　通知がなかったときは，普通品の損害賠償額も明確ではないから，高価品の滅失・損傷等による損害につき，運送人は576条に基づく損害賠償責任を全く負わないのが原則であるが，運送契約の締結の当時，運送品が高価品であることを運送人が知っていた場合には，荷送人が高価品に関する通知をしなかったとしても，運送人にとっては高価品としての損害賠償義務を負わされても，不意打ちにならないことから，運送人は賠償責任を負うものとされている（577Ⅱ①)[5]。また，運送人の故意または重大な過失により運送品を滅失，損傷または延着が生じた場合には，通知があれば損害が生じなかったとはいえないので，運送人は577条1項にかかわらず，（高価品としての）損害賠償責任を負うとされている（577Ⅰ②）。

　したがって，［ケース10］の(1)の場合には，BまたはCがその茶封筒には高価品が入っていることを知っていたか，滅失につきCの故意または重大な過失があったと認められる場合には，AはBに対して80万円の損害賠償を求めることができるが，それ以外の場合には，577条に基づく請求は認められないと考えることになる。

　なお，高価品の通知がなかったときであって，運送人に運送について故意・過失があった場合に，不法行為による損害賠償請求をできるかが問題となるが，(f)参照。

　　(d)　運送人の責任の特別消滅事由（584）　　荷受人が異議をとどめないで（運送人に運送品の一部滅失または損傷があることおよびその概要を知らせないで）運送品を受け取ったときは，運送人の（債務不履行）責任は消滅する（584Ⅰ本文）。このような場合には，運送品の状態に関する証拠保全の機会が運送人に

---

5)　平成30年商法改正前には，運送営業のような大量取引においては，偶然知ったか否かによって責任の成否が分かれるのは不都合であり，明告（平成30年改正後は通知）を促進するためにも，偶然に知ったことをもって，明告があった場合と同視するのは適当ではなく，運送人は債務不履行責任を負わないとする見解もあった（西原304）。

とって失われるからである。ただし，運送品に直ちに発見することができない損傷または一部滅失があって荷受人が引渡しの日から2週間以内に運送人にその旨の通知をしたとき，および，運送人が，引渡しの当時，その運送品に損傷または一部滅失があることを知っていた場合は，運送人の責任は消滅しない（584Ⅰただし書Ⅱ）。

　荷送人との間で運送契約を締結した者（元請運送人。たとえば，A）がさらに第三者（下請運送人。たとえば，B）に対して運送を委託した場合に，荷受人（たとえば，C）が引渡しの日から2週間以内に運送人（たとえば，A）に対して運送品に直ちに発見することができない損傷または一部滅失があった旨の通知を発したときは，運送人（たとえば，A）がその通知を受けた日から2週間を経過する日以内に当該第三者（たとえば，B）に対して運送品に直ちに発見することができない損傷または一部滅失があった旨の通知を発すれば，運送品の損傷または一部滅失についての当該第三者（たとえば，B）の責任は消滅しない（584Ⅲ）。元請運送人は，584条1項ただし書所定の通知期間が満了する直前に荷受人から通知を受けると，下請運送人に対する通知期間を遵守してその責任を追及するのが不可能な場合があることに着目し，元請運送人が下請運送人に通知をするために必要な期間を確保し，元請運送人が荷受人に対して損害賠償責任を負い，履行した場合に，元請運送人による求償を可能にするための規定である。

　　　(e)　短期消滅時効等　　速やかに法律関係を解決し証拠保全の困難を取り除くことに止まらず，運送人の責任を速やかに消滅させて運送営業を保護するという観点から，運送品の滅失・損傷および延着により生じた損害についての運送人の（債務不履行）責任は，荷受人が運送品の引渡しがされた日（全部滅失の場合以外）または引渡しがされるべき日（全部滅失の場合）から1年以内に裁判上の請求がされないときは消滅する（585Ⅰ）。

　しかし，運送品の滅失等による損害が発生した後であれば，合意により，運送品の引渡しがされた日（運送品の全部滅失の場合には，その引渡しがされるべき日）から1年以内に裁判上の請求がされなくとも，運送品の滅失等についての運送人の責任が消滅しないと定めることもできる（585Ⅱ）。これは，運送人が責任を負い続けることに同意するのであれば，責任を消滅させる必要はないからである。

なお，運送人（元請運送人）がさらに第三者（下請運送人）に対して運送を委託した場合に，元請運送人が運送品の引渡しがされた日（運送品の全部滅失の場合には，その引渡しがされるべき日）から1年以内に損害を賠償または裁判上の請求をされたときは，元請運送人が損害を賠償または裁判上の請求をされた日から3ヵ月を経過する日までに裁判上の請求をすれば，元請運送人に対する第三者（下請運送人）の責任は消滅しない（585Ⅲ）。これは，584条3項と同様の趣旨に基づくものである。

また，荷送人または荷受人に対する運送人の債権は，これを行使することができる時から1年間行使しないときは時効消滅する（586）。

　　(f) 運送人の不法行為責任　575条以下に規定されている運送人の損害賠償責任は，債務不履行責任であるため，運送人が自己または使用人の故意または過失により運送品を滅失・損傷した場合には，債務不履行のほかに運送品の所有権の侵害として不法行為の要件を満たすことがありうる（民709・715）。

そこで，575条以下に基づく損害賠償請求権と不法行為に基づく損害賠償請求権とがどのような関係に立つのかが問題となる。判例（最判昭和38・11・5民集17巻11号1510 [123]，最判昭和44・10・17判時575号71）は，契約責任と不法行為責任とは局面を異にするものであり，両賠償請求権は別個の権利であるから，請求者はいずれの根拠に基づいても損害賠償請求できるとする請求権競合説の立場に立ち，たとえば，高価品の明告（通知）がないときには，運送人は債務不履行の責任は免れるが，不法行為責任を直ちに免れるものではないと解している（大判大正15・2・23民集5巻104，前掲注3神戸地判平成2・7・24）。この見解によっても，不法行為責任については，過失相殺（民722Ⅱ）を認めて，運送人の責任を合理的な範囲に抑えることは可能である。また，請求権競合説によりつつ，不法行為責任に平成30年改正前商法578条の適用・類推適用を認める見解も有力であった（修正請求権競合説）（鈴木43）。

また，[ケース10] の(2)のように荷送人以外の者が運送品の所有者である場合には，その者が運送人に対して，所有権侵害に基づく不法行為責任を追及する余地がある。

この場合には，実質的に考えると，高価品の通知を怠ったのは荷送人であり，荷送人ではない所有者には通知を怠った落ち度がないこと，形式的には，不法

行為責任を追及しているのであって債務不履行責任に基づく請求ではないため平成30年改正前商法のもとでは，［ケース10］の(2)でDはBに対して（通知を怠った落ち度もないから過失相殺の余地もなく）80万円の損害賠償請求が一見できるように思われた。しかし，このように解することは，割増運賃を請求する機会および保険を付すなどの対策をとる機会を与えられなかった運送人（［ケース10］ではB）に不意打ちの結果をもたらす。たしかに，荷送人との関係で運送人が負う注意義務（債務不履行責任）と荷送人以外の者との関係で運送人が負う注意義務（不法行為責任）とは異なると解する余地はあろうし，運送人は荷送人に対して通知違反に基づく損害賠償請求をすることができよう。しかし，それだけでは，運送人の保護として不十分な場合がある。そこで，所有者が運送取扱委託者である場合その他契約法的規範に従うことを承認したといえる場合には[6]，不法行為責任についても平成30年改正前商法578条と同レベルの責任制限または過失相殺が認められるとする見解が学説では有力であった（山下・判例評論290号51-52）。この見解にそって，平成30年改正後商法587条は，荷受人があらかじめ荷送人の委託による運送を拒んでいたにもかかわらず，運送人が荷送人から運送を引き受けた場合を除き[7]，損害賠償の額（576），高価品の特則（577）および運送人の責任の消滅（584・585）の規定を，運送品の滅失等についての運送人の荷送人または荷受人に対する不法行為による損害賠償の責任について準用すると定めている（請求権競合を前提としつつ，いずれの法律

---

[6] 前掲注3神戸地判平成2・7・24は，荷送人の権利を荷受人が取得したことを根拠に運送人の荷受人に対する不法行為責任に関して過失相殺を認めている。また，東京高判平成5・12・24判時1491号135は，第三者が運送契約の契約当事者と実質的に同視できる者，すなわち，運送人との間に生ずる法律関係を契約法理によって律することを承認しているとみられる者である場合には，商法の規定（平成30年改正前577条ないし581条）や約款の規制の趣旨に準拠してその責任の範囲を合理的に確定するのが相当であるとし，宅急便によって宝石類が送付されたケースについて，荷受人は荷送人に指示できる立場にあったとして，荷受人は荷送人と同視しうる立場にあったとして，約款の規制の趣旨に準拠して運送人の荷受人に対する責任の範囲が確定されるとした。そして，上告審判決（最判平成10・4・30〈99事件〉）も荷受人は宅急便を利用することを容認していたとして，運送契約上の責任限度額を超えて損害賠償請求することは信義則に反し，許されないとした。

[7] 船荷証券が作成されている場合には，このような例外なしに，準用される（768）。

構成によっても運送人の責任が合理的な範囲に限定されるようにしている）。したがって，Aが当該ダイヤモンドをBが提供する運送サービスを用いてDに送付することにつきDが拒絶していなかった場合には，原則として，高価品の通知がなかったことを理由に損害賠償をBはDに対して拒むことができることになる（[ケース10]の(1)の場合と同じように考えられることになる）。

　　(g)　免責の特約（約款）　　運送人の責任に関する商法の規定は強行法規ではないので，当事者は商法の規定と異なる特約をすることができ，運送人の責任を減免する特約（免責約款）の有効性も認められる場合がある。免責約款の有効性は，公序良俗（民90）や信義則（民1Ⅱ）に照らして判断される。物品運送については，旅客運送についての591条のような規定がないことから一般原則によるが，消費者契約法の適用があるうる。

　そして，不法行為責任について，少なくとも平成30年改正前商法578条の規定と同じレベルの免責を運送人に認める旨の合意は可能であると考えられていた（落合ほか235）。免責約款は契約当事者以外には対抗できないのが原則であるが，第三者が運送契約の契約当事者と実質的に同視できる者である場合には対抗できるとする裁判例が存在していた（前掲注6東京高判平成5・12・24）。平成30年改正後商法のもとでも，運送人の契約責任を減免する旨の荷送人・運送人間の合意の効力が荷送人または荷受人に対する運送人の不法行為責任に及ぶかどうかについては，当該合意の内容の合理性や当事者の合理的意思解釈等に即して判断される。

11-1-2　荷受人と運送人の関係

　荷受人は運送契約の当事者ではないが，運送品が到達地に到着し，または運送品の全部が滅失したときは，船荷証券が作成された場合を除き（768），物品運送契約により生じた荷送人の権利と同一の権利を取得する（581Ⅰ）[8]。ただ

---

[8]　これに対応して，船荷証券が作成されている場合を除き（768），荷受人は，運送品を受け取ったときは，運送人に対し，運送賃等（運送賃，付随の費用および立替金〔574〕）を支払う義務を負うとされている（581Ⅲ）。個品運送契約の場合には，運送品の価格に応じて支払うべき救助料の額および共同海損の分担額が運送賃等に含まれる（741Ⅰ②）。

し，運送品が到達地に到達した後でも荷送人の運送品に対する処分権は失われず，その権利を行使できる。しかも，荷受人が運送品の引渡しを請求する前の段階においては，運送人に対し荷送人と荷受人の双方が処分についての指図をすることができるが，両者の指図が矛盾するときは，荷送人の指図が優先すると考えるのが通説である。581条1項は「荷受人は，……物品運送契約によって生じた荷送人の権利と同一の権利を取得する」と定めているのであって，処分権が荷送人から荷受人に移転するという趣旨ではないからである（580参照）。

ただし，荷受人が，運送品の到達後，その引渡しまたは損害賠償を請求したときは，荷送人はその権利を行使できないものとされている（581Ⅱ）。しかし，この場合にも，荷送人の処分権は完全に消滅するのではない。なぜなら，運送品の引渡しに関して争いがある場合（数量不足，品質違いなど）には，運送人は荷送人の指図を求める義務を負うからである（582Ⅱ・583）。

また，運送人は，荷受人が運送品の受取りを拒み，またはこれを受け取ることができないときは，運送品を供託することができ，運送人が，荷受人に対し相当の期間を定めて運送品の受取りを催告し，かつ，その期間の経過後に荷送人に対し相当の期間を定めて運送品の処分につき指図をすべき旨を催告したにもかかわらず，荷送人がその指図をしないときは，運送人は，その運送品を競売に付することができる（583・582ⅠⅡ）。この場合に，運送人は，運送品を供託し，または競売に付したときは，遅滞なく，荷送人および荷受人に対してその旨の通知を発しなければならない（583・582Ⅴ）。

荷受人の地位をめぐっては，荷送人と運送人との間の第三者のためにする契約に基づくものであるとする見解もあるが，荷受人の権利・義務は法の特別規定に基づくと解するのが適当であろう（鈴木47，西原313）。

11-1-3　船荷証券

(1)　船荷証券の意義

船荷証券とは海上物品運送契約による運送品の受取りの事実を証し，かつ，陸揚港において，これと引き換えに運送品を引き渡すことを約する有価証券である[9]。傭船者または荷送人の請求により，運送人または船長が，①運送品の船積み後遅滞なく発行する，運送品の船積みがあった旨を記載した船荷証券を

船積船荷証券といい，②運送品の受取後，運送品の船積み前に，運送品の受取りがあった旨を記載した船荷証券を受取船荷証券という（757Ⅰ）[10]。船荷証券によって，荷送人または傭船者は，運送中の貨物を譲渡しまたはこれを担保として信用供与を受けることができ，荷受人は貨物到着前に船荷証券によって運送中の貨物を転売することができる。運送品について，すでに海上運送状[11]が交付されている場合を除き，傭船者または荷送人の請求があったときは，運送人または船長は船荷証券（陸上運送および海上運送を一の契約で引き受けたときは複合運送証券〔769Ⅰ〕。複合運送証券には船荷証券に関する規定が757条1項3号を除き，準用される〔769Ⅱ〕）を作成・交付しなければならない（757ⅠⅢ）。

(2) 船荷証券の記載事項

船荷証券の記載事項は法定されており（758），船荷証券は要式証券であるが，運送人または船長の署名または記名押印があり，かつ証券の記載自体から運送品および運送契約（陸揚港など）の内容を知ることができる程度に記載されていれば証券として有効であると解するのが判例（大判昭和12・12・11民集16巻

---

9) 平成30年商法改正前には，陸上運送の場合について，船荷証券とパラレルな有価証券である貨物引換証についての規定（改正前571〜575・584）が設けられていたが，近時，その利用例が見当たらないため，貨物引換証に関する規定が削除された。

10) 受取船荷証券が交付された場合には，受取船荷証券の全部と引換えでなければ，船積船荷証券の交付を請求することができない（757Ⅱ）。なお，受取船荷証券と引換えに船積船荷証券の交付の請求があったときは，その受取船荷証券に船積みがあった旨を記載し，かつ，署名し，または記名押印して，船積船荷証券の作成に代えることができる（758Ⅱ）。

11) 平成30年商法改正により，海上運送状に関する規定が設けられた。これは，船舶の高速化等により，船舶が目的地に到着した時に船荷証券が荷受人に届いていないということが生じ，また，実務上，有価証券ではない（受戻証券性を有しない）海上運送状が利用されることも多いことに鑑みたものである。改正後商法では，運送人または船長は，荷送人または傭船者の請求があるときは，すでに船荷証券を交付している場合を除き（770Ⅳ），受取りまたは船積みがあった旨を記載した海上運送状を交付しなければならないとし（770Ⅰ），船荷証券の記載事項と同様の事項を海上運送状の記載事項としつつ（770Ⅱ），実務上，書面による海上運送状の作成・交付に代えて，電子メール，ファクシミリ等を用いて情報が伝達される事例も少なくないことに鑑み，相手方である荷送人または傭船者の承諾があるときは，電磁的方法（571Ⅱ）による提供を認めている（770Ⅲ）。

1793 参照)・通説である。なお，荷受人について，選択無記名式が許され（民520 の 13 参照），無記名式も許されると考えられる。

(3) 船荷証券の譲渡方法

船荷証券は記名式のときでも裏書[12]によって譲渡することができる（762 本文），いわゆる法律上当然の指図証券である。ただし，裏書禁止文句を記載することが許されており，その記載がある場合には裏書譲渡はできない（762 ただし書）[13]。他方，選択無記名式または無記名式の船荷証券は単なる交付のみにより譲渡できる。

(4) 船荷証券の性質

① **非設権証券・要因証券** 船荷証券は運送契約により証券外で発生した既存の運送品返還請求権を表章するものであり，非設権証券である。同時に，原因関係である運送契約上の権利を表章するものであり，原因関係と切り離されていない点で要因（有因）証券である[14]。

② **非文言証券** 平成 30 年改正前商法 776 条が船荷証券に準用していた同 572 条は貨物引換証が作成されたときは，運送に関する事項は，運送人と証券の所持人との間においては，貨物引換証の定めるところによると定めていた（すなわち，船荷証券が作成されたときは，船荷証券の定めるところによることとされていた）。これは，証券の取得者が証券の記載を信頼して取得することに鑑み，その信頼を保護するため，証券の記載に文言的効力を認めたものであると説明されていた。

しかし，平成 30 年改正後商法には改正前 776 条が準用する同 572 条のよう

---

12) 民法上，裏書の方式については手形法の規定が準用され（民 520 の 3），裏書の権利移転的効力・資格授与的効力が規定されているが（民 520 の 2・520 の 4），担保的効力は定められていないので，船荷証券の裏書には担保的効力はない。

13) 一般に荷送人または傭船者がこの証券の発行を請求するときには，証券によって運送品を処分することを予定しているから，運送人は荷送人または傭船者の同意がない限り，裏書禁止文句を記載できないと考えられる。

14) 判例（大判昭和 13・12・27〈91 事件〉[125]）は，要因性を強調してまだ運送品を受け取っていない間に作成された〔陸上運送において船荷証券とパラレルな有価証券であった〕貨物引換証（空券）は原因を具備せず目的物が欠缺するから無効であるとしていた。

な規定は設けられず，(平成30年改正前)国際海上物品運送法9条に合わせて，運送人は，船荷証券の記載が事実と異なることをもって善意の所持人に対抗することができない(760)という，より端的な規定が設けられた。立法担当者は，船荷証券の文言証券性は維持されていると解しているようであるが[15]，この規定ぶりからは，運送人は船荷証券の所持人に対して事実を対抗できることが原則であり，善意の所持人に対抗できないということは例外にあたるのではないかと考えられる。事実を対抗できることが原則なのであれば，船荷証券は非文言証券であり，このように解釈することは，船荷証券が要因証券・非設権証券であることからすれば自然である。

なお，平成30年改正後商法では，運送品の種類ならびに運送品の容積もしくは重量または包もしくは個品の数および運送品の記号は，その事項につき荷送人または傭船者の書面または電磁的方法による通知があったときは，その通知が正確でないと信ずべき正当な理由がある場合および当該通知が正確であることを確認する適当な方法がない場合，または運送品の記号について，運送品またはその容器もしくは包装に航海の終了の時まで判読に堪える表示がされていない場合を除き，その通知に従って記載しなければならないとされた(759ⅠⅡ)。そして，荷送人または傭船者は，運送人に対し，その通知が正確でないことによって生じた損害を賠償する責任を負うものとされている(759Ⅲ)。

また，数量不足や品質違いなどに対応するため，運送人は，運送品について内容不知・計量未済などの記載(不知約款)をすることがある。判例は，受寄物の内容を検査することが容易ではなく，または荷造りを解いて内容を検査することによって価格に影響を及ぼすことが一般取引の通念に照らして明らかな場合に限り，このような不知約款の援用が認められるとしている(最判昭和44・4・15〈106事件〉[134])。しかし，電子機器などの性能を検査し，瑕疵を発見することは，それが完全な不良品である場合は格別，運送人にとって困難であり，内容を検査することによって価格に影響を及ぼさない場合であっても，不知約款の援用が認められる場合がありえよう(前田(雅)・法教178号30)。

③ **要式証券** 船荷証券の記載事項は法定されているから，船荷証券は

---

[15] 法務省民事局参事官室・商法(運送・海商関係)等の改正に関する中間試案の補足説明(平成27年3月)42参照。

要式証券であるが，重要でない記載が漏れていても証券として無効にはならない点（大判大正5・7・4民録22輯1314［124］は反対）で，緩やかな要式証券であるといえる（前掲(2)も参照）。

④　**呈示証券・受戻証券**　船荷証券が作成されたときは，この（証券を示して）証券と引換えでなければ，運送人に運送品の引渡しを請求できない（764）[16]。

⑤　**処分証券**　船荷証券は運送品に関する物権関係を定める効力を有し（船荷証券の物権的効力），その内容として，船荷証券の処分証券性と引渡証券性が法定されている。

船荷証券が作成されたときは，運送品に関する処分は船荷証券によってしなければならないことを船荷証券の処分証券性という（761）。処分証券性が認められるのは，船荷証券が発行された後も，権利者が証券によらないで運送品を処分できるものとすれば，証券の取得者を害することになるからである。ただし，証券の所持人と運送品を直接善意取得した者とがある場合には，後者の権利が優先する（大判昭和7・2・23〈93事件〉［127］参照）。

⑥　**引渡証券**　船荷証券の引渡しは，運送品について行使する権利の取得に関して運送品の引渡しと同一の効力を有する（763）[17]。これは，運送中の

---

[16]　陸揚港外においては，運送人は，船荷証券の全部の返還を受けなければ，運送品の引渡しをすることができないが（765Ⅱ），陸揚港においては，運送人は，数通の船荷証券のうち一通の所持人が運送品の引渡しを請求したときであっても，その引渡しを拒むことができない（765Ⅰ）。そして，2人以上の船荷証券の所持人がある場合に，その1人が他の所持人より先に運送人から運送品の引渡しを受けたときは，当該他の所持人の船荷証券は，その効力を失う（766）。

　　2人以上の船荷証券の所持人が運送品の引渡しを請求したとき，または，運送人が運送品の一部を引き渡した（765Ⅰ）後に他の所持人が運送品の引渡しを請求したときのその運送品の残部について，運送人は，その運送品を供託することができる（767Ⅰ）。運送品を供託したときは，運送人は，遅滞なく，請求をした各所持人に対してその旨の通知を発しなければならない（767Ⅱ）。なお，この場合には，最も先に発送され，または引き渡された船荷証券の所持人が他の所持人に優先する（767Ⅲ）。

[17]　物権的効力または引渡証券性の法的構成については，絶対説（運送人が占有する場合であるか占有を失った場合であるかを問わず，証券の引渡しには運送品の占有を移転する効力があるとする見解）と相対説（運送品の直接占有は運送人が有し，証券上の権利者は間接占有を有し，証券の引渡しによって間接占有が移転するとする見解〔証券の

物品は荷送人の占有を離れ運送人の占有のもとにあるため，荷送人が運送品を譲渡しまたは質権を設定しようとするときに，譲受人または質権者の対抗要件（民178）または効力要件（民344）である引渡しについて問題が生ずるからである。そこで，763条は，荷送人が運送中の商品の処分を容易・迅速にすることができるように，船荷証券により運送品を受け取るべき者（証券の記載により証券上の権利者たる資格を有する者のことであり，指図式の場合には裏書の連続する証券の被裏書人，無記名式または選択無記名式の場合は証券の所持人）に船荷証券を引き渡したときは，その引渡しは，運送品の上に行使する権利につき運送品の引渡しと同一の効力を有すると定めたのである。

11-1-4　運送人の被用者の不法行為責任

運送人の被用者の故意または重大な過失によって運送品の滅失等が生じたときを除き，587条の規定により運送品の滅失等についての運送人の不法行為責任が免除され，または軽減される場合（*11-1-1*(2)②(f)）には，その責任が免除され，または軽減される限度において，その運送品の滅失等についての運送人の被用者の荷送人または荷受人に対する不法行為による損害賠償の責任も，免除され，または軽減される（588）。これは，運送人の責任を超えてその被用者に責任を負わせることは相当でないこと，被用者に重い責任を課すと，事実上その最終的な負担が運送人に転嫁され，運送人に責任の減免を認めた立法趣旨が損なわれると考えられることによる。

11-1-5　複合運送人の責任

陸上運送，海上運送または航空運送のうち2つ以上の運送を1つの契約で引き受けた場合における運送品の滅失，損傷または延着についての運送人の損害

引渡しによって占有が移転するには，運送人が運送品を直接占有していることが前提となる〕）の対立がある。

しかし，いずれの見解によっても，空券の場合や運送品が滅失しまたは運送品が善意取得された場合には，占有すべき物が存在しないのであるから，証券の物権的効力ないし引渡証券性は維持できないのであり，引渡証券性（物権的効力）を否定する少数説（谷川・演習89）も存在する。

賠償の責任は，それぞれの運送においてその運送品の滅失等の原因が生じた場合に当該運送ごとに適用されることとなる日本の法令または日本が締結した条約の規定に従うものとされている（578Ⅰ）。これは，海上運送については国際海上物品運送法（昭和32年法律第172号）が，航空運送についてはモントリオール条約が適用されることがあるなど，商法以外の規律に服するものがあるためである。

また，陸上運送であってその区間ごとに異なる2つ以上の法令が適用されるものを1つの契約で引き受けた場合には，当該運送ごとに適用されることとなる法令の規定に従う（578Ⅱ）。これも，鉄道営業法（明治33年法律第65号）や軌道運輸規程（大正12年鉄道省令第4号）に商法とは異なる規定が設けられていることによる。

11-1-6　相次運送

(1)　相次運送の意義

複数の運送人が同一の運送品につき区間を異にして運送する場合を相次運送という。

相次運送には，ある運送人が引き受けた運送についてその荷送人のために他の運送人が相次いで運送の引受けをする場合（連帯運送）（たとえば，路線混載貨物における集荷側と配達側の運送業者が異なる場合の連絡運輸の取扱い）のほか，ある運送人（元請運送人）が全区間の運送を引き受けたうえで，その一部または全部の運送を他の運送人（下請運送人）に委託する場合（下請運送），数人の運送人が各自独立して特定の一部の区間の運送の引受けをする場合（部分運送）および，数人の運送人が共同して全区間の運送を引き受けたうえで，内部的に担当区間を定める場合（同一運送）が含まれる。

(2)　連帯運送における相次運送人の損害賠償義務の連帯性

各運送人は運送品の滅失・損傷または延着につき連帯して損害賠償の責任を負う（579ⅢⅣ）。これは，連帯運送の場合，荷送人・荷受人にとって運送品の滅失・損傷，延着がどの運送人の段階，区間で生じたかを立証することが困難だからである。

しかし，各運送人はその内部関係においては，自己の担当区間についてのみ

責任を負い，損害賠償義務を履行した運送人は故意・過失のあった運送人に対して求償することができる。いずれの区間において損害が生じたか明らかでない場合には，各運送人はその参加した運送の割合に応じて損害を負担すべきものと解すべきであろう。

(3) 相次運送人の権利・義務

相次運送をする場合には，後の運送人は，前の運送人に代わってその権利（運送賃請求権・留置権など）を行使する義務を負い（579 I Ⅳ），また後の運送人が前の運送人に運送賃・立替金その他の費用を弁済したときには，後の運送人は前の運送人の権利を取得する（579 Ⅱ Ⅳ）。これは，相次運送する場合においては，運送人が運送賃・立替金などの請求権およびその請求権を保全するための留置権や先取特権などの権利を荷送人（または荷受人）に対して有していても，運送品を後の運送人に引き渡したときには，運送品の占有を有しなくなるため，留置権や先取特権を自ら行使することができなくなるからである。

11-2　旅客運送

旅客運送契約は，運送人が旅客を運送することを約し，相手方がその結果に対してその運送賃を支払うことを約するものであって（589），請負契約の一種である[18]。

---

[18] 乗車券の性質をめぐっては議論があるが，普通乗車券（無記名）は，運送債権を表章する有価証券（改札を通過した乗車券および乗車後に購入した乗車券は，運送賃の支払を証明する証拠証券），記名式の定期乗車券は単なる証拠証券（自由に譲渡できないため），無記名式の回数乗車券・持参人式定期券は運送請求権を表章する有価証券であると理解するのが多数説である。これに対して，乗車券については，紙の上に表章することによって権利の流通性を促進するという意図も必要もないとして，すべての乗車券は，運送賃支払済の証拠証券にすぎないとする見解も有力である。また，記名式定期乗車券を有価証券と解する見解もある（近藤226）。なお，回数券の販売後に運賃の値上げがあった場合に，回数券の所持人に差額支払を請求することができるか否かが争われたケースにおいて，判例（大判大正6・2・3〈102事件〉）は，回数券の発行によりその時点で運送契約が成立したのではなく，回数券は運送賃の前払を証する票券すなわち運送賃に代用せられる票券にすぎず，実際の乗車の際に運送人は差額を請求することができるとしている。

11-2-1　旅客の損害に関する責任

運送人は旅客を安全に運送する義務を負い，自己またはその使用人が運送に関し注意を怠らなかったことを証明したときを除き，旅客が運送のために受けた損害を賠償する責任を負う（590）。

ここでいう，旅客の損害には，身体・衣服の損傷，延着による損害など有形・無形を問わず一切の損害が含まれる。また，将来得べかりし利益喪失の賠償をも含む（大判大正 2・10・20 民録 19 輯 910）。

なお，旅客の生命や身体の尊重という観点から，大規模な火災，震災その他の災害が発生し，もしくは発生するおそれがある場合に運送を行うときまたは運送に伴い通常生ずる振動その他の事情により生命または身体に重大な危険が及ぶおそれがある者の運送を行うときを除き，旅客の生命または身体の侵害による運送人の損害賠償の責任（運送の遅延を主たる原因とするものを除く）を免除し，または軽減する特約は，無効とするとされている（591）。

11-2-2　託送手荷物に関する責任

運送人は，旅客から引渡しを受けた手荷物（託送手荷物。タクシーの後部トランクに積み込まれた旅客の手荷物は託送手荷物とされる〔東京地判昭和 41・5・31 下民集 17 巻 5・6 号 435〕）について，特に運送賃を請求しなかったときでも，物品運送契約における運送人と同一の責任を負う（592 I）。

託送手荷物が到達地に到着した日から 1 週間以内に，旅客がその引渡しを請求しないときは，運送人はその手荷物を供託しまたは相当の期間を定めて催告した後に競売することができ（592Ⅲ），損傷その他の事由による価格の低落のおそれがある手荷物は，催告をしないで競売に付することができる（592Ⅳ）。手荷物を競売に付したときは，運送人は，その代価を供託しなければならないが，その代価の全部または一部を運送賃に充当することはできる（592Ⅴ）。ただし，運送人がその手荷物を供託し，または競売に付したときは，遅滞なく，旅客に対してその旨の通知を発しなければならない（592Ⅲ）。なお，旅客の住所・居所が不明のときは，催告・通知をしなくてよい（592Ⅵ）。

11-2-3　携帯手荷物に関する責任

運送人は旅客から引渡しを受けていない手荷物（携帯手荷物。身の回り品を含む）の滅失または損傷については，自己またはその使用人の故意または過失による場合を除き，損害賠償の責任を負わない（593Ⅰ）。

運送人が損害賠償責任を負う場合には，複合運送人および相次運送人の責任についての規定ならびに高価品の特則は適用されないものの，物品運送人の損害賠償責任およびその被用者の不法行為責任についての規定がおおむね読み替えて準用される（593Ⅱ・576ⅠⅢ・584Ⅰ・585ⅠⅡ・587〔576ⅠⅢ・584Ⅰ・585ⅠⅡの規定の準用部分のみ〕・588）。

11-2-4　運送人の債権の消滅時効

物品運送契約の場合と同様，運送人の運送契約の相手方に対する債権は，行使することができる時から1年間行使しないときは，時効によって消滅する（594・586）。

11-3　倉庫営業者

11-3-1　倉庫営業者の意義

他人のために物品を倉庫に保管することを業とする者を倉庫営業者[19]という（599）。ここで，物品とは，その性質上，保管に適する一切の動産であって，不動産を含まない。倉庫とは，寄託を受けた「物品の滅失若しくは損傷を防止するための工作物又は物品の滅失若しくは損傷を防止するための工作を施した土地若しくは水面であつて，物品の保管の用に供するもの」（倉庫2Ⅰ）をいい，物品を「保管」するとは，物品を倉庫に蔵置し，保管することをいう。

倉庫営業者は，他人のための寄託（物品の保管）の引受け（502⑩）を業とする者であるから商人である。

---

[19]　倉庫業法3条は，倉庫業を営もうとする者は国土交通大臣の行う登録を受けなければならないとしている。

11-3-2　倉庫寄託契約

　倉庫寄託契約は，物品を倉庫で保管することを引き受ける契約である。かつての通説は，倉庫寄託契約も民法上の寄託契約（民 657）の一種であるから，寄託者が倉庫営業者に物品を現実に引き渡すことによって成立する要物契約であると解していたが，倉庫営業者は物品の保管を引き受けるのであり，保管の引受けは，（諾成契約である）運送契約と同様，物品の引渡しをその要素としないと認められることから，倉庫寄託契約を諾成契約と解するのが現在では多数説である（大隅・商行為法173，西原354）。なお，平成29年民法改正により，民法上も，寄託契約は諾成契約とされた。

11-3-3　倉庫営業者の義務

(1)　保管義務[20]

　商人である倉庫営業者は，その営業の範囲内において寄託を受けたときは，報酬を受けないときでも，善良な管理者の注意をもって寄託物を保管する義務を負う（595）。倉庫寄託契約は，営業者の有する倉庫の所在する場所，倉庫の設備等を考慮して締結されるものであるから，特約がない限り，倉庫営業者は自己の引き受けた物の保管を他の倉庫営業者に再寄託することはできないとするのが通説である（大隅・商行為法173）。保管期間は契約で定めるのが通常であるが，保管期間の定めがないときは，倉庫営業者は，やむを得ない事由がない限り，寄託物入庫の日より6ヵ月を経過した後でなければ，返還することができない（612）。ここでいうやむを得ない事由には，その寄託物が腐敗等して他の在庫品に損害を及ぼすこと，倉庫が被災して補修する必要があることなどが含まれる。また，倉庫が滅失したときは，保管期間の定めの有無にかかわらず，倉庫営業者は直ちに寄託物を返還できる（函館控判明治42・10・6新聞600号13）。612条は，倉庫営業者の保管義務を定めたものにすぎないから，寄託者または倉荷証券の所持人の側からは，保管期間の定めの有無を問わず，いつ

---

[20]　倉庫業法14条は，倉荷証券発行の許可を受けた倉庫業者が倉荷証券を発行するときには，原則として，寄託者のためにその受寄物を火災保険に付さなければならないものとしている。

でも寄託物の返還を請求することができる（民662 I）。ただし，倉庫営業者は，期間の満了前に返還の請求を受けたことによって損害を受けたときは寄託者にその賠償を請求することができる（民662 II）。

保管期間（6ヵ月未満でもよい）が定められているときは，期間満了時に，倉庫営業者は寄託者に寄託物を引き取るよう請求できる。

(2) 損害賠償責任

① **債務不履行責任** 倉庫営業者は，寄託物を善良な管理者の注意をもって保管しなければならないから（595），自己またはその使用人が寄託物の保管に関し注意を怠らなかったことを証明しない限り，その滅失または損傷について損害賠償責任を負う（610）[21]。ここでいう滅失には，物理的な滅失だけでなく，盗難や倉荷証券を受け戻さずになされた引渡しなどに起因して返還義務が履行不能になった場合などが含まれる。

610条の規定は民法415条の規定と同趣旨であるが，610条は任意規定であり，当事者間で責任を加重・軽減する特約をすることができる。

保管期間が満了して，倉庫営業者が引取りの請求をしたときは，寄託物に一部滅失・損傷があっても寄託者はその引取りを拒むことができない。引取りが拒絶された場合には，寄託者の債権者遅滞となり，倉庫営業者は自己の物に対すると同一の注意をもって以後は保管すれば足り，倉庫営業者が自己の物に対する注意の程度の注意すらも欠いたことの立証がない限り，倉庫営業者は損害賠償義務を負わない（福岡高判昭和29・8・2下民集5巻8号1226）。

② **倉庫営業者の責任の特別消滅原因** 運送人の責任と同様，寄託者または倉荷証券の所持人が，異議をとどめないで寄託物を受け取り，かつ保管料その他の費用を支払ったときには寄託物の損傷または一部滅失についての倉庫営業者の損害賠償責任は消滅する（616 I 本文）。ただし，寄託物に直ちに発見することのできない一部滅失・損傷があった場合に，寄託者または倉荷証券所持人が引渡しの日から2週間以内に倉庫営業者に対してその旨の通知を発したとき（616 I ただし書）および倉庫営業者が悪意であったときは（616 II）消滅しな

---

[21] 倉庫営業者に注意義務違反があっても，寄託者（倉荷証券が発行されているときは，その証券の所持人）に損害が生じなかった場合には賠償責任を負わない（最判昭和42・11・17〈105事件〉[133]）。

い。悪意の意義については，運送人の責任と同じく解されている。

　③　**責任の短期消滅時効**　　運送人の責任と同様，倉庫営業者の責任については1年の短期消滅時効が定められている（617）。

　④　**不法行為責任**　　倉庫営業者の故意・過失による寄託物の滅失・損傷があった場合に不法行為の要件を具備することがある。債務不履行に基づく損害賠償責任と不法行為に基づく損害賠償責任とがどのような関係に立つかについては，運送人の責任に関する議論と同じ議論が妥当する（*11-1-1*(2)②(f)）。

(3)　**点検等に応ずべき義務**

　寄託者または倉荷証券の所持人は，倉庫営業者の営業時間内いつでも倉庫営業者に対して寄託物の点検もしくは見本の提供を求めることができ，またはその保存に必要な処分をすることができる（609）。

(4)　**倉荷証券交付義務**

　倉庫営業者は，寄託者の請求があるときは，寄託物の倉荷証券を交付しなければならない（600）。

11-3-4　倉庫営業者の権利

(1)　**保管料・費用償還請求権**

　倉庫営業者は，特約の有無にかかわらず，相当の報酬（保管料〔倉敷料〕）を請求することができる（512）。保管料は，特約がなければ[22]，寄託物出庫の時でなければ請求することはできず（611本文）[23]，寄託物の一部出庫の場合には，その割合に応じて請求できる（611ただし書）。また，保管料の請求の際には，立替金その他寄託物に関する費用の支払を請求できる。なお，保管期間の定めがある場合に，期間満了前に出庫するときは，その保管期間に応じた保管料を請求できる。

　倉庫営業者は保管料を寄託者に請求できるほか，倉荷証券の所持人にも，寄託物出庫の際に，未払の保管料その他の費用の支払を請求できる場合がある。

---

22)　保管料の支払時期に関する611条の規定は任意規定であるから，これと異なる特約をすることができる。

23)　保管期間の定めがあり，その期間が満了したときは，出庫前でも直ちに保管料を請求することができるものと解される。

判例（最判昭和 32・2・19〈107 事件〉[132]）は，倉荷証券に，保管料など，寄託物に関する費用は証券所持人が負担するものとする趣旨の文言の記載がある場合，第三者が裏書譲渡によりその倉荷証券を取得したときは，その所持人には記載の文言の趣旨に従い費用支払の債務を引き受けるという意思があったものと解するのが相当であるとしており，通説は，さらに進んで，証券に記載があるか否かを問わず，運送の場合（581Ⅲ）に準じ，証券の譲受人は保管料等の支払義務を負うとしている（大隅・商行為法 178，西原 360）。

(2) 留置権・先取特権

倉庫営業者の保管料等の債権については，物品運送人の運送賃等の債権についての留置権（574）ような特別な留置権は認められていないが，民法上または商人間の留置権を有することがある（民 295，商 521）。また，動産保存の先取特権を行使することもできる（民 320）。

(3) 供託・競売権

商事売買に関する 524 条 1 項および 2 項の規定は，寄託者または倉荷証券の所持人が，寄託物の受取を拒みまたは受け取ることができない場合に準用される（615）。すなわち，倉庫営業者は，これらの場合に，寄託物を供託し，または相当の期間を定めて催告をした後であれば〔損傷その他の事由による価格の低落のおそれがある物については催告を要しない〕競売することもできる。

11-3-5　倉荷証券

倉庫営業者は，寄託者の請求によって，寄託物の倉荷証券（600）を発行しなければならない[24]。倉荷証券は，倉庫寄託契約に基づいて寄託物を保管していることを証明するものであり，寄託物返還請求権を表章した有価証券である。

(1) 倉荷証券

倉荷証券は，記載事項が法定されているが（601），重要でない事項の記載が欠けていても証券は無効にはならない点で，緩やかな要式証券であり，記名式

---

[24] 倉庫業法上は，国土交通大臣の許可を得た倉庫業者のみが倉荷証券を発行することができる（倉庫 13）が，これに違反して発行された証券も無効とはならない（大隅・商行為法 180）。

であっても裏書禁止文句の記載がなければ裏書によって譲渡できる当然の指図証券（606）である。また，原因関係である倉庫寄託契約上の寄託物返還請求権を表章しているから，船荷証券と同様，要因証券であり非設権証券である（平成30年商法改正前には，文言証券性が定められていたが〔改正前627Ⅱ・602〕，改正後604条は倉庫営業者は，倉荷証券の記載が事実と異なることをもって善意の所持人に対抗することができないと定めることによって流通性を確保している。船荷証券についての改正後760条〔11-1-3(4)②〕に合わせたものである）。さらに，処分証券・引渡証券（605・607）としての性格を有する。また，呈示証券・受戻証券（613）である（大判昭和8・2・23民集12巻449参照）。

倉荷証券をもって質権の目的とした場合には，質権設定者である寄託者は，債務を弁済して質権者から倉荷証券の返還を受けない限り，その債務の弁済期前に寄託物の返還を倉庫営業者に請求できないのが原則であるが，寄託者（質権設定者）は，質権者の承諾があるときは債権の弁済期前であっても寄託物の一部の返還を倉庫営業者に対して請求することができ，この場合には，倉庫営業者は返還した寄託物の種類，品質および数量を倉荷証券に記載しかつその旨を帳簿（倉荷証券控帳）に記載すべきこととされている（614）。これは，寄託者が商機を得た場合には，寄託物を処分（売却）させる必要があることとその処分代金を弁済に充てることは質権者にとって利益であることによる。

なお，寄託物の全部の返還については特則が設けられていないが，これはその必要が乏しいからである。

(2) 荷渡指図書

商法上の制度ではないが，倉荷証券が発行されていない場合には，荷渡指図書とよばれる書面が実務上利用されている。荷渡指図書は，物品の保管者に対し，その物品の全部または一部をその書面の所持人に引き渡すべきことを依頼または指示するものである。

このうち，倉庫営業者がその履行補助者または使用人に対して寄託物の引渡しを指示する書面は，これを発行して第三者に交付した以上，所持人が悪意でない限り，倉庫営業者はその表示の物品を所持人に引き渡すべき義務があると解され（名古屋地判昭和30・12・19下民集6巻12号2630），通説は有価証券であると解している（西原367）。また，寄託者が倉庫営業者あてに寄託物の引渡し

を依頼する書面で，倉庫営業者が承諾の意思表示（副署）をしているものも有価証券と解されているが，いずれにも物権的効力はないものと考えられる。

他方，寄託者が倉庫営業者に寄託物の引渡しを依頼した書面で，倉庫営業者の副署がないものは，免責証券（倉庫営業者がその書面の所持人に寄託物を引き渡したときは免責される）にすぎないと解されている。

第 11 章　運送営業と倉庫営業

11-4　物品運送人，旅客運送人，倉庫営業者および場屋営業者の責任の比較

表 11-1　運送人・倉庫営業者・場屋営業者の責任

	物品運送人	旅客運送人 引渡しを受けた手荷物	旅客運送人 旅客	旅客運送人 引渡しなき手荷物	倉庫営業者	場屋営業者 寄託を受けた物品	場屋営業者 客の携帯物品
	575 条	592 条	590 条	593 条	610 条	596 条 1 項	596 条 2 項
責任の性質	債務不履行責任	債務不履行責任	債務不履行責任	付随的な法定責任	債務不履行責任	債務不履行責任	付随的な法定責任
一般不法行為責任の主張	可	可	可	可	可	可	可
責任を負う者の主観的要件	過失（ただし挙証責任転換）	過失（ただし挙証責任転換）	過失（593 I）	過失（593 I）	過失（ただし挙証責任転換）	無過失・過失（不可抗力を除く）	過失
損害賠償額	その引渡しがされるべき時および地における市場価格（取引所の相場がある物品についてはその相場。市場価格がないときは同種類で同一の品質の物品の正常な価格）を基準（576 I）ただし，故意または重過失による場合は一切の損害（576 Ⅲ・592 I）	同左	民法の原則による	民法の原則による	576 I Ⅲ を準用（593 Ⅱ）	民法の原則による	民法の原則による
高価品の特則	あり（577・592 I）	あり（577・592 I）		なし	なし	あり（597）	あり（597）
消滅時効の特則	あり（585・592 I）	あり（585・592 I）	なし	あり（593 Ⅱ・585）	あり（617）	あり（598）	あり（598）
責任の特別消滅	あり（584・592 I）	あり（584・592 I）	なし	あり（593 Ⅱ・584 I）	あり（616）	なし	
供託権	①荷受人を確知することができない場合または②荷受人が受取りを拒みまたは受け取ることができない場合（582・583）	手荷物が到達地に達した日から 1 週間内に旅客がその引渡しを請求しなかった場合（592 Ⅲ）			寄託者または倉荷証券の所持人が受取拒絶または受け取ることができない場合（615・524 I Ⅱ）	商法上特則なし（→民 494）	
競売権	供託が認められる①の場合には荷送人に運送品の処分について指図をなすことを，②の場合は荷受人に運送品の受取りをそれぞれ催告したにもかかわらずそれがなされなかった場合など（582 Ⅱ Ⅲ・583）	供託が認められる場合に受取りを催告したにもかかわらず受取りがなかったときなど（592 Ⅲ Ⅳ）			供託が認められる場合（615・524 I Ⅱ）	商法上特則なし（→民 497）	

第12章 場屋営業者の責任

[ケース11]

AはZホテルを経営している。次の場合に，B，C，D，EはAに対して損害賠償を求めることができるか。
(1) 宿泊する予定のないBが，涼むためにZホテルのロビーに座っていたところ，ハンドバッグの置き引きにあった場合。
(2) 宿泊客のCが，部屋の中にある金庫に現金の入ったバッグを鍵をかけないで入れておいたところ，盗まれた場合。ただし，「貴重品はフロントにお預け下さい。お預けにならず，盗難にあわれた場合は責任を負いかねます」という掲示があり，同趣旨の規定が約款中にもあった場合。
(3) Zホテルで開かれたパーティーに出席したDは，種類および価額を通知することなく，現金の入ったカバンと，ミンクのコートをクロークに預けたが，Aの使用人Yが誤ってGに渡してしまい，Gがそれを奇貨として横領した場合。
(4) Zホテルに宿泊しているEがホテルの駐車場にベンツを駐車していた間に何者かによってそのベンツおよびその車中のダッシュボードに入れていた100万円入りの財布を盗まれた場合。

12-1 場屋営業者の責任と場屋営業の意義

596条から598条は，客の来集を目的とする場屋営業者の責任を定めている。

ここで，場屋取引（502⑦）とは，公衆の来集に適する人的・物的施設を設け，客に利用させる行為であると解するのがかつての通説であり，そのような場屋取引を営業として行う者が，場屋営業者である。596条は場屋営業の例として旅館をあげており，ホテルが旅館に含まれることには異論はないが，場屋営業に例示されている旅館，飲食店，浴場のほか興行場営業（劇場，映画館，コンサート・ホールなど）や遊戯場営業（パチンコ店，ボーリング場，マージャン屋など）

第 12 章　場屋営業者の責任

が含まれ（また，東京高判平成 16・12・22 金商 1210 号 9 ［130］はゴルフ場を場屋営業とする），通説によれば理容業や美容業も含まれる（**2-1-2**(7)参照）。

　いずれにせよ，[ケース 11] では，A は場屋営業者であることになる。

12-2　「客」の意義

　596 条から 598 条にいう「客」は，本来，場屋営業者と基本契約（場屋の利用を内容とする契約）を締結した者をいうはずであるが，それに限られないというのが定説である。すなわち，ホテルの空室待ちをしている者のように場屋を事実上利用している者やホテルで開かれたパーティーへの招待客，会合への出席客（[ケース 11]（3）の D は客である），宿泊客への訪問客も含まれる。さらに，ホテルのロビーで休憩をしている場合には，黙示的に利用契約が成立しているとみられるという評価も不可能ではないが，無償の利用契約の成立を認めて，場屋営業者の責任を負わせることは多くの場合，ホテルの合理的意思に反するとみることができ，後で利用契約を締結する意思を有している者あるいは他の者との間ですでに締結されている利用契約の反射的効果として客として取り扱われるべき者にまでしか拡張されないと考えるのが適当であろう（東京高判平成 14・5・29 判時 1796 号 95 参照）。そして，単にホテルのロビーを待合せ場所，休憩所として用いる者は，ホテルからみて，将来，具体的な利用契約の相手方となる可能性が高い者ではなく，またパーティーへの招待客と異なり，他の者とホテルとの間の利用契約の反射的効果として事実上客として取り扱われる者でもない。しかし，場屋営業者の責任に関する規定をスーパーマーケットやデパートの営業主にも適用するという考え方（我妻・債権各論中巻二〔民法講義 V₃〕711）からは，「客」の意義を緩やかに解するのが妥当であると考える余地もある。

　もし，[ケース 11] の（1）について，「客」の意義を緩やかに解して，B は「客」であるとすると，この場合に A が責任を負うか否かは，場屋営業者（A）またはその使用人の不注意によって B のハンドバッグが「滅失」したといえるかにかかっている（**12-4** 参照）。

12-3　寄託を受けた物品に関する責任

(1)　寄託を受けた物品に関する責任の内容

　場屋営業者が寄託を受けた物品の滅失・損傷については，不可抗力によるものであったことを証明しなければ損害賠償の責任を免れることはできない（596 I）。この責任は，ローマ法のもとで，船主，旅店等の主人が負っていた，運送あるいは寄託を引き受けた物品を客に安全に返還する義務（レセプツム責任）に由来するものである。レセプツム責任は，当時の旅店等の主人および使用人が盗賊と共謀し，抜取りをはじめとする不正行為を行うことが少なくなかったため，運輸等の安全を確保する必要があったことを背景として認められたものであるといわれている。

　ところが，現在では，そのような理由によって場屋営業者の責任を説明することはできないと考えられるようになっており，場屋には多数の人間が頻繁に出入りし，客自身がその所持品の安全を守ることは困難であること，場屋営業者の責任を認めることによって場屋の信用が維持されることなどが596条1項の根拠であるとされている。

(2)　「不可抗力」の意義

　場屋営業者に重い責任を負わせる上述のような沿革的な根拠が妥当しなくなっていることを背景として，現在の通説（折衷説）[1]は，「不可抗力」とは，特定の事業の外部から発生した出来事で，通常必要と認められる予防方法を尽くしても，なお防止できないような事故をいうとしている。たしかに，場屋に多数の人間が頻繁に出入りし，客自身がその所持品の安全を守ることは困難であることを根拠に寄託を受けた物品についての場屋営業者の責任を倉庫営業者や運送人の責任よりも重くすることは説得的ではなく，「不可抗力」による事故とは事業の性質に従い，最大の注意をしても，避けることができない事故をいうとする（主観説）[2]のが適当であるようであるが，このような理解によると，

---

1)　事業の外部から発生した出来事で，かつ，通常その発生が予期できないことが明らかなものであるとする見解（客観説）もあるが，場屋営業者に重すぎる責任を負わせることになりかねない。

2)　主観説でも，不可抗力を事業の性質に従い最大最高の注意をもってしてもなお免れな

不可抗力は無過失を意味することになり,「不可抗力」という文言を用いている 596 条 1 項の明文からは無理があるといわざるをえない（黒沼・争点 254）。

(3) 寄託を受けた物品の意義

受寄者が寄託者のために物品を保管することを約して，物品を受けることが「寄託を受け」ることであるから，596 条 1 項が適用されるためには，場屋営業者がその物品を自己の支配下におくことが必要であり，単なる保管場所の提供にすぎない場合には寄託を受けた場合にはあたらないと考えられる。ホテルの客室内にある物品については，客が第一次的に支配しており，寄託があったというほどの支配をホテルが有しているとはいえないから，[ケース 11] の (2) の場合は，596 条 2 項の問題であり，また，(4) の場合も，ホテル側が車のキーを預かっていた場合[3] でなく，E が車を自由に出し入れできていたとすれば，保管場所を提供していたにすぎないと考え（高知地判昭和 51・4・12 判時 831 号 96），596 条 2 項の問題であるとすべきであろう。これに対して，(3) の場合には寄託を受けたことは明らかである。

(4) 免責の特約

596 条 3 項は，客の携帯品につき場屋営業者が責任を負わない旨の表示には免責特約としての効力は認められないと定める[4]。これは一方的表示では，契約の内容とはなっていないこと，または免責特約とはいえないことを根拠とするものであろうが，実質的には客の保護を図る法の趣旨を没却させないことを根拠とするものである。もちろん，596 条は任意規定であるから，客と場屋営

　　い出来事をいうとする見解があり，これによると，最大最高の注意のレベルによっては，常に場屋営業者は責任を負うことになりかねない。
 3) 車のキーを預かっていた場合には，寄託を受けたと評価できるのが通常であろう（東京地判平成元・1・30 判時 1329 号 181）。なお，単なる保管場所の提供は寄託にあたらず，コインロッカーの場合は保管設備の賃貸借であると解されている。また，ゴルフ場のロッカー設備について，使用するかどうかは客の判断に任されており，使用操作は利用客が行い，使用による別料金は発生せず，ゴルフ場の経営者は，個々のロッカーの使用の有無や使用された場合の内容物を把握していないとして，前掲東京高判平成 16・12・22 はロッカー・ボックスの内容物について寄託が成立したとは認められないとした。
 4) このような表示には客に注意を促す趣旨が含まれているとして過失相殺が認められやすくする機能は認められる。

業者との間の特約（約款を含む）により，責任を制限または免除できるが，少なくとも場屋営業者またはその使用人の故意による滅失・損傷を免責する特約は一般に無効であると考えられる（また，消費者契約については消費者契約法8条1項1号から4号まで，および，10条）。

12-4 寄託を受けない物品に関する責任

客が特に寄託せず，自ら携帯していた物品が場屋の中で滅失または損傷した場合でも，それが場屋営業者またはその使用人[5]が注意を怠ったことによるときは，場屋営業者は損害賠償責任を負う（596Ⅱ）。これは，黙示の寄託契約上の責任でもないし，不法行為責任でもないから，場屋の利用契約に基づく付随的な法定責任であると考えられる。

596条2項で「注意を怠ったこと」とは過失を意味するが，その前提として，場屋営業者およびその使用人が一定の注意義務（善良な管理者としての注意義務）を負担していることが前提となり，具体的にはどのような義務を負っているのかが問題となる。[ケース11] の(2)のような客室内における盗難と異なり，ホテルのロビーにおいては，ホテル側には，盗難を防止する一般的義務はなく，客自ら管理責任を負うと考えるのが通常は適当であるようにも思われる。これに対し，たとえば，失火につきホテルに軽過失があって，その結果，客の携帯品が滅失したような場合には，ホテルの経営者が596条の責任を負うことには異論がないであろう。

[ケース11] の (1)（かりに，Bが「客」にあたるとした場合）または (4) の場合には，場屋営業者またはその使用人が注意を怠ったとされる場合に限り，AはBまたはEに対して596条2項の責任を負う。

---

[5] 雇用関係の有無を問わず，場屋営業者の指揮監督を受けて，場屋営業の業務に従事している者をいうから，場屋営業者の家族，親族など事実上使用されている者であってもよい（平出618）（以下，場屋営業者の責任に関しては同じ）。なお，ホテルの寝具製作請負人の人夫の過失について，ホテルの責任を否定した裁判例があり（東京地判昭和4・6・14新聞3013号17），判例は指揮命令関係の存在を強く要求している。

第 12 章　場屋営業者の責任

12-5　高価品の特則（597）

　客の寄託した物品が高価品である場合には，その盗難の危険性は高まるし，滅失・損傷した場合の損害賠償額が多額に上る可能性がある。また，高価品が客から寄託されなかった（客が携帯していた）場合には，慎重に保管する機会が与えられていない以上，場屋営業者に責任を負わせるのは酷な場合がある。そこで，597条は，高価品についてはその種類および価額を通知して場屋営業者に寄託したのでなければ [6]，場屋営業者は物品の滅失・損傷による損害賠償責任を負わないと定め，通知を伴う寄託を受けることによって，場屋営業者に物品の保管などについて格別の注意をなす機会を与えようとしている。

　前述したように（*11-1-1*(2)②(c)），運送人の責任との関係では，容積，重量等に比し高価な物品を高価品というが，ホテルの場合には物品の重量によって宿泊料金などが変動するものではないから，重量をファクターとして判断することは必ずしも適切ではないと考えられるが，法文上，同じ文言を用いているから，おおむね同意義に解してよいであろう。

　ところで，［ケース 11］の(2)においては，寄託も通知もなされていないから，Aは597条により，免責されることになりそうである。ただし，597条は，通知がない場合に場屋営業者に責任を負わせることは酷であることが多いことに注目したものであり，場屋営業者またはその使用人の故意による場合には，利益衡量上，免責する必要はないから，597条は，場屋営業者またはその使用人の故意に基づく滅失・損傷には適用されないと考えられる（平出 620）。また，

---

[6]　貴重品袋に封入して寄託されることが旅館では多いが，高価品の種類と通知はなされないのが通常であり，この場合には597条の明文からは場屋営業者は責任を負わないことになりそうである。すなわち，単に高価品であることを告知しても，通知があったとはいえず，少なくとも高価品の種類が告知され，それによってその価額の推認が可能であることを要すると考えられるからである。しかし，貴重品袋に種類と価額を記入する欄を設けたり，貴重品袋の寄託を受けるにあたって，場屋営業者が通知を求めるべきだとしても，場屋営業者には酷とはいえないから，貴重品袋の場合には，種類と価額の通知がなされないことを根拠に場屋営業者を常に免責とすることは適当ではない。もちろん，通常，客が携帯している程度を超える高価品の場合には種類と価額の通知が必要であると考えるべきであろう。

運送人の責任の場合と同様，597条は，場屋営業者またはその使用人の重過失に基づく滅失・損傷には適用されないと考えてよいであろう（最判平成15・2・28〈108事件〉[131]。ただし，**11-1-1**(2)②(c)参照）。ただ，[ケース11]の(2)のように，金庫が部屋に置かれ，しかも「貴重品はフロントにお預け下さい」とされていたにもかかわらず，フロントに預けず，かつ金庫の鍵をかけていなかった場合には，金庫の鍵をかけなかったことを過失相殺に反映させるべきである。

[ケース11]の(3)では，高価品の通知を欠いている点が問題となるが，運送人の責任の場合と同様，通知がなくとも，場屋営業者またはその使用人が高価品であることを知っていた場合には，597条の適用はないと考えるべきであろう（場屋営業者の場合は，割増運賃などの請求はしないのだからなおさらである）。したがって，ミンクのコートについては外観上種類は明らかであり，かつ価額も（通常人を基準として）推定しうるのであれば，通知がなくともAは免責されないと考えるべきであろう。他方，カバンの中の現金については免責されることになろう。

[ケース11]の(4)について，寄託が認められる場合には，ベンツ自体は，外観上種類は明らかであり，かつ価額も（通常人を基準として）推定しうるのであれば，通知がなくともAは免責されないと考えるべきであろう（ダッシュボード内の100万円入り財布については，高価品の通知がないので，損害賠償の範囲〔通常損害〕内と判断されない限り，Aは責任を負わないと考えるべきであろう。前掲注3東京地判平成元・1・30参照）。

12-6　引換札などを用いた場合

[ケース11]の(3)の場合には，いずれの説によっても不可抗力は認められず，使用人Yの過失に基づくものではないとかりに評価できても（十分な注意を払っても），AはDに対し，596条の責任を負うことになる。しかし，引換札を用いており，かつDからGが引換札を盗んで提示し，返還を受けた場合には，少なくとも過失相殺が認められるし，商慣習法上「引換札と引換えに返還した場合には責任を負わない」ことが認められれば，Aが免責されることもあろう。

12-7 596条の責任と不法行為責任

[ケース11]において，Aが597条により免責される場合であっても，Aまたはその使用人に故意または過失がある場合には，不法行為（民709・715）の要件を満たす可能性がある。この点については，運送人の責任と同じ議論が妥当するが（*11-1-1*(2)②(f)参照），判例（大判昭和17・6・29新聞4787号13）は請求権競合説に立っている。

なお，約款中の免責条項は，不法行為責任についても，債務不履行責任や596条の責任に関してと同様に効力が認められる場合がある（ただし，消費者契約については，消費者契約法8条1項3号4号による制約がある）。

12-8 場屋営業者の責任の短期消滅時効（598）

場屋営業者には596条1項のような重い責任が課されていることに鑑み，責任の短期消滅時効が定められている。すなわち，596条に基づく責任は，場屋営業者（またはその使用人）が寄託物を返還または客が携帯品を持ち去った時から1年で消滅時効にかかる。物品の全部滅失のときは，客が場屋を去った時から1年である（598Ⅰ）。

ただし，場屋営業者またはその使用人（履行補助者）に悪意がある場合には，短期消滅時効の規定の適用はない（598Ⅱ）。悪意の意義については，倉庫営業者の責任に関する617条3項と同様に解するべきである。

第13章　匿名組合

13-1　匿名組合契約の意義

　匿名組合とは，当事者の一方が相手方の営業のために出資をし，その営業から生ずる利益を分配することを内容とする契約である（535）。出資者を匿名組合員，営業をする者を営業者という。匿名組合は，実質的には合資会社に近い共同企業であるが，対外的には出資者はあらわれず（そこで出資者を「匿名」組合員という），営業者の企業である。匿名組合員は，営業者の業務を執行し，または営業者を代表することができない（536Ⅲ）。

　匿名組合は契約であるから，匿名組合員と営業者という二当事者に限られる。したがって，営業者が多数の出資者と同一内容の匿名組合契約を締結しても，営業者と各出資者との間に別個独立の複数の匿名組合契約が存在するにすぎず，出資者間には法律関係は存在せず，この点で会社とは全く異なる。また，民法上の組合は組合員の共同事業であり，組合財産は組合員の共有に属するが（民668），匿名組合は営業者個人の営業であり，匿名組合員の出資も営業者の財産に帰属する（536Ⅰ）。

13-2　匿名組合員の責任・義務

13-2-1　対営業者

(1)　出資義務

　匿名組合員は営業者に対して契約において定めた出資をする義務を負う（535）。資本参加を目的とすることから，出資の目的物は金銭その他の財産に

第 13 章　匿名組合

限られ，労務や信用の出資は認められない（536Ⅱ）。出資の履行時期，方法などは契約により定められたところに従うが，特約がなければ，営業者はいつでも出資の履行を請求できる（民412Ⅲ）。

(2)　損失分担義務

匿名組合契約において利益の分配は契約に欠かすことができないものであるが，損失の分担はそうではない。したがって，契約自由の原則により，匿名組合員は損失分担しない，あるいは出資の限度で分担する（538参照）と定めることは可能である。しかし，匿名組合が実質的に営業者と匿名組合員との共同事業であることから，特約がない限り，匿名組合員は損失を分担する義務を負うと解するべきである。538条および542条は，匿名組合員が少なくとも出資の限度で損失を分担することが通常であることを前提とした規定であると読むことができる。分担の割合について特約がなければ，利益分配と同一の割合によるものと推定すべきである（民674Ⅱ参照）。

13-2-2　対第三者（営業者の債権者）

匿名組合員は，営業者の営業に資本参加するにとどまるため，第三者（典型的には営業者の債権者）とは無関係であり，営業者の行為について，匿名組合員は第三者に対して権利を有せず，義務を負わないのが原則である（536Ⅳ）。すなわち，営業者に対して出資義務を負うが，対外的には直接責任を追及されることがなく，株主の間接有限責任と事実上同じ効果が得られる。

なお，営業者の商号中に自己の氏あるいは氏名を用い，または自己の商号を営業者の商号として用いることを許諾した場合には，その使用以後に生じた債務については営業者と連帯して責任を負う（537）。名板貸（14，会社9）(**4-7**) と同じ趣旨に基づくものであるが，自己の氏あるいは氏名を商号中に用いることを許諾した場合を含み，かつ，誤認は要件とされておらず，責任を負う範囲が広い。これは，匿名組合における営業者の営業は実質的には匿名組合員と営業者の共同事業だからである。

13-3　匿名組合員の権利

① 営業者に営業を求める権利

匿名組合員が出資するのは，営業者の営業から生ずる利益の分配を受けるためであるから，匿名組合員は営業者に対し，契約の定めに従って営業を営むことを請求する権利を有する。したがって，営業者が契約で定められた時期に営業を開始せず，あるいは一方的に営業を変更・休廃止する場合や契約で定められた目的以外に出資の目的物を使用するなどする場合には，匿名組合員は営業者に対し，損害賠償を請求し（民415），また匿名組合契約を解除することができる（540Ⅱ）。

② 利益分配請求権

匿名組合員は営業者の営業から生ずる利益の分配を契約に従って請求することができる（535）。ここでいう利益は各営業年度の営業により生じた財産の増加額であり，財産の評価益は本来含まれないが，契約によって，評価益の一部を匿名組合員に分配することは当然可能である。なお，匿名組合については，株式会社のような維持すべき財産の基準となる資本金額が存在しないから，利益の分配にあたっては資本維持の原則による制約はない。利益分配の割合は契約において定められるのが通常であるが，特約がない場合には，民法の組合に関する規定（民674Ⅰ）を類推して，各当事者の出資の割合に応じて利益分配がなされると解される。

③ 出資価額返還請求権

匿名組合員は，匿名組合契約が終了した場合には，営業者に対して出資の価額の返還を請求できる。ただし，特約がない限り，出資が損失により減少している場合にはその残額の返還を受けるにとどまる（542）。ここで返還されるのは出資の目的物ではなく，出資の目的物を金銭的に評価した価額であるが，出資の目的物を返還する特約をすることは可能である。この出資価額返還請求権は債権であって，匿名組合員は営業者の一般債権者と同順位で弁済を受けることができる。

④ 業務監視権

匿名組合員は営業者の営業に資本参加するにすぎず，営業者の業務執行権や

代表権を有しない（536Ⅲ）。しかし，匿名組合員は営業者の営業について密接な利害関係を有しており，その保護を図る必要があるので，業務監視権が与えられている。すなわち，匿名組合員は，営業年度の終了時には，営業者の貸借対照表の閲覧等を求め，かつ営業者の業務および財産の状況を検査することができる。また，重要な事由があるときは，裁判所の許可を得て，いつでも営業者の業務および財産の状況を検査することができる（539ⅠⅡ）。

⑤　競業避止を求める権利

契約によって，営業者の競業避止義務を有効に定めた場合（神作・法学協会雑誌107巻8号107参照）は格別，匿名組合員が営業者に対して競業避止を求めることができるかについては見解が分かれている。匿名組合は実質的には営業者と匿名組合員との共同事業であり，営業者は合資会社の業務執行社員と同様の立場にあるとして，特約がない限り，営業者の競業避止義務を認めるのが多数説である（ただし，この見解によっても，競業行為の中止と損害賠償を求めることができるにすぎない）。しかし，法定の競業避止義務は，営業譲渡人を除けば，営業をする者で，しかも他の者に対し共同企業者または使用人もしくは機関等の地位にある者が負うものであるところ，営業者と匿名組合員とはそのような関係に法律上は立たない以上，営業者は法定の競業避止義務を負うことはないと考えるべきであろう。

13-4　営業者の義務

営業者は，匿名組合員に対し，民法の組合に関する規定の類推適用により，善管注意義務を負うものと考えられるが（民671・644），営業者の義務は，匿名組合契約に定められることが一般的であり，通常，匿名組合契約には，「営業者は，関係各法令の規定に従い，本営業を善良なる管理者の注意をもって執り行います」というような規定が設けられる。また，最判平成28・9・6判時2327号82は，事業から生じた損益の全部を匿名組合員に分配する旨の匿名組合契約が締結されていたという事案において，営業者が匿名組合員との間に実質的な利益相反関係が生じ，匿名組合員の利益を害する危険性の高い営業譲渡を行う場合には，営業者は，その善管注意義務として，それについての匿名組

合員の承諾を得ることが求められると判示した。

13-5　匿名組合契約の終了

　契約の一般的終了原因により終了するほか，存続期間を定めなかったとき，またはある当事者の終身の間存続することを定めた場合には，各当事者は営業年度の終了時において，6ヵ月前の予告をもって契約を解除することができる（540Ⅰ）。また，やむを得ない事由があるときは，存続期間の定めの有無にかかわらず，いつでも契約を解除することができる（540Ⅱ）。

　以上に加えて，目的である事業の成功または成功の不能，営業者の死亡または後見開始の審判，営業者または匿名組合員の破産手続開始の決定により，匿名組合契約は当然に終了する（541）。

　匿名組合契約が終了したときは，出資の価額の払戻し（この語から，金銭によるものが想定されていることが明らかである）がなされる（542本文）。匿名組合員が損失の分担をするときは，営業者は損失分担部分を控除した額を払い戻せばよい一方，損失分担の結果，出資がマイナスになっていても，特約がなければ，匿名組合員に追加的出資（支払）義務はない（542ただし書）。

13-6　匿名組合員と合資会社の有限責任社員との比較

　匿名組合が実質的に営業者と匿名組合員との共同事業であり，営業者が業務執行を行い，匿名組合員は出資をするにすぎないところから，匿名組合員については業務監視権，出資の目的物の制限および代表・業務執行の禁止が定められている（539・536ⅡⅢ）。しかし，合資会社の有限責任社員は合資会社という社団の社員であるのに対し，匿名組合員は契約の一方当事者にすぎないため，以下のような点で大きく異なる。

　第1に，合資会社の有限責任社員は，登記に氏名が表示され（会社913⑤），会社に対して履行した出資の価額を除き，その出資の価額を限度として，会社債権者に対して直接責任を負い（会社580Ⅱ・623），また業務を執行する社員であれば第三者に対して責任を負う場合がある（会社597）のに対し，匿名組

第 13 章　匿名組合

員の氏名・名称は外部に表示されず，また，原則として，匿名組合員は営業者の債権者に対して責任を負わない（536Ⅳ）。

第2に，合資会社の有限責任社員は，原則として業務執行権・代表権を有するのに対し（会社590・599），匿名組合員は営業者に対して営業を求める権利を有するにすぎず，営業者の営業自体についての意思決定権は認められていない。また，重要な事由がある場合の業務・財産状況検査権について，匿名組合員は裁判所の許可を得なければならないが，合資会社の有限責任社員は裁判所の許可を得る必要がない。

第3に，合資会社の有限責任社員は，会社が解散した場合にすべての会社債権者に後れて残余財産の分配にあずかるのに対して（会社664），匿名組合員は営業者の一般債権者と同順位で出資価額の返還を受けることができる。

第4に，合資会社の有限責任社員の責任は出資の価額を限度とした有限責任であるが（会社580Ⅱ・623），匿名組合員の責任は契約によっては当初の出資額に責任が限定されないことになる[1]。

---

[1]　多くの学説のとる立場は必ずしも明確ではないが，暗黙のうちに，匿名組合員の責任と合資会社の有限責任社員の責任とのバランスを図ることが考えられているようである。したがって，匿名組合員に追加出資義務を課すことができるか否かについてふれた文献は少ないが，「特約によっても，営業者は匿名組合員に無限の出資義務をあらかじめ課すことはできない」という指摘がある（平出338）。契約自由の原則が認められるとはいえ，匿名組合員は業務執行権を有しないことを考えれば，このように解するのが妥当であろう。

第14章　交互計算

14-1　交互計算の意義

　交互計算とは，商人[1]間または商人と非商人との間で[2]平常取引をする場合において，一定の期間内の取引より生ずる債権・債務の総額につき相殺をし，その残額の支払をすべきことを約する契約をいう（529）[3]。継続的な取引関係がある場合に，相互に債権を取得する両当事者が，債権が発生するごとにいちいち決済するのは不便なので，交互計算の制度が認められている。すなわち，交互計算により，頻繁な金銭の授受に伴う危険とコストや手間を避けることができるのみならず，資金を有効に利用できる。同時に，相互に相手方に対する債権が担保的機能を有しているという点で，交互計算には担保的機能がある。

14-2　交互計算の対象となる債権・債務

　交互計算の対象となるのは，一定の期間（交互計算期間）内の取引より生ず

---

[1]　商人（会社・外国会社を除く）にとって交互計算は附属的商行為であり（503），会社・外国会社にとっては事業のためにする行為として商行為とされる（会社5）。
[2]　非商人間で交互計算と同じ内容の契約が締結されても，商法上の交互計算ではなく，商法の適用はない。
[3]　このような商法が定める交互計算（古典的交互計算）のほかに，債権が交互計算に組み入れられるごとに継続的に相殺されて，その時々に残高債権が発生する交互計算（段階的交互計算）を考えることができる（前田・争点Ⅱ237）。段階的交互計算には交互計算不可分の原則は妥当しないが，個々の債権・債務は発生と同時に新たな残額債権に置き換えられるため，譲渡や差押えの対象とならない。他方，計算期間中の残高債権に対する差押えは認められる。当座勘定取引やオブリゲーション・ネッティングは段階的交互計算の例である。

る債権・債務である。交互計算期間は自由に決めることができるが，当事者がその期間を定めなかったときは6ヵ月とされる（531）。

　交互計算に組み入れるべき債権・債務の範囲は，当事者が契約において定めることができるが，特段の定めがないときは，当事者間の通常の取引より生ずる一切の債権・債務に及ぶと解される[4]。しかし，金銭債権以外の債権は総額につき一括相殺をするのには適さないから対象とならず，また不法行為・不当利得・事務管理による債権や第三者から譲り受けた債権のように当事者間の通常の取引によって生じた債権以外の債権は交互計算の対象から除外される。さらに，消費貸借の予約による債権のように特約あるいは性質上現実の履行を要する債権や手形その他の商業証券上の債権のように特別な権利行使方法が定められている債権はその債権の性格から交互計算の対象とならないと考えられる。

14-3　交互計算の効力

(1) 交互計算不可分の原則

　交互計算は，一定期間内の取引から生ずる債権・債務の総額について相殺することを約するものであるから，その期間中の取引から生ずる個々の債権・債務は独立性を失い，その結果，当事者は各個の債権を行使することはできないし，個々の債権について譲渡または質入れをすることはできず，交互計算期間内の取引から生ずる債権・債務は一括相殺の対象とされる。

　　① **交互計算不可分の原則の効力は第三者にも及ぶか**　判例（大判昭和11・3・11〈80事件〉[120]）は，交互計算契約の存続中に当事者の取引により生ずる債権・債務は，その総額につき相殺の方法によってのみ決済されるべき運命にあり，当事者は商法に別段の規定があるもののほかは，交互計算に組み入れた債権のうちあるものを任意に取立てのため除外し，または他人に譲渡して除外の結果を生じさせることはできず，その譲渡が許されないのは当該債権が交互計算のもとにおける取引により生じたことの当然の結果であって，当該債権に

---

[4]　ただし，交互計算によって新たな残額債権・債務が成立するため，交互計算に組み入れられた債権を担保する担保権は原則として消滅するので，個別的な担保権が付された債権は特約がなければ組み入れられないと解するべきである。

つき当事者間で譲渡禁止の契約をしたことによるものと解すべきではないから，その譲渡が許されないことは第三者が交互計算契約の成立を知っていたか否かを問わず第三者に対抗することができるとする。そして，交互計算の結果として譲渡が許されないことについては平成 29 年改正前民法 466 条 2 項ただし書の適用はないと解され，このように交互計算に組み入れた各個の債権が譲渡性を有しない以上，これを差し押さえることはできず，これにつき転付命令を得ても無効であるとする。これは，交互計算は商法上の制度であるということによるものであろう。

　しかし，有力説は，交互計算は当事者間における契約にすぎず，第三者に対する公示手段もないから，交互計算不可分の原則は当事者を拘束するにとどまり，当事者が各個の債権を譲渡しまたは譲渡担保に供したときは，損害賠償の問題が生ずるにとどまり，善意の第三者には対抗できないとする。この見解は，交互計算の成立とこれに組み入れる債権の決定は当事者の意思に基づくから，債権の処分禁止は当事者の契約による債権譲渡の禁止にほかならず，平成 29 年改正前民法 466 条 2 項ただし書の規定が適用されるべきこと，また当事者の意思表示に基づく差押禁止財産を作ることは避けるべきことを根拠としていた（平成 29 年民法改正により，当事者がある債権について譲渡制限の意思表示をしても債権譲渡は有効であり，譲渡制限の意思表示について悪意または重過失の第三者に対し債務者は履行を拒み，または債務を消滅させる事由を対抗できるにすぎなくなった〔改正後民 466 Ⅱ Ⅲ〕）[5]。

　②　**交互計算不可分の原則の例外**　　手形その他の商業証券から生じた債権・債務を交互計算に組み入れた場合において，証券の債務者が弁済をしなかったときは，その債務に関する項目を交互計算より除外することができる（530）。ここでいう商業証券から生じた債務とは商業証券上に表章されている債務ではなく，手形を割引のため授受し，その割引代金債務のようなものである。例外が認められている趣旨は，割引の対象となった手形の主債務者が満期に支払うことを前提として割引代金債務を交互計算に組み入れたが，手形が不

---

[5]　債権譲渡，譲渡担保の場合には，債務者は譲渡人に対して主張できる相殺の抗弁をもって譲受人・譲渡担保権者に対抗できるから，判例と有力説との違いは差押えの場合に生ずるにすぎない。

第 14 章　交互計算

渡りとなったような場合には，当該手形の主債務者からの支払を受けられず，その主債務者が破産した場合には他の債権者と平等の割合でしか配当を受けえないのに対し，割引人の相手方に対する債務は相殺により全額決済されることとなってバランスを欠くからである。

(2) 積極的効力

　交互計算期間が満了すると，契約の効力として，差引計算が行われ，残額債権が確定する（交互計算の積極的効力）。残額債権は，当事者の一方が債権・債務の各項目を記載した計算書を作成し，相手方がこれを承認したときに確定する。計算書を承認したときは，当事者は各項目について異議を述べることはできなくなる（532）。もっとも計算書に錯誤や脱漏があったときには，異議を述べることが認められる（532 ただし書）。これは交互計算外において，不当利得返還請求権の行使が可能であることを意味する。また，計算書の承認行為に錯誤，詐欺，強迫などの瑕疵があるときは，民法の一般原則によってその効力を争うことができる（西原170）。

　残額が確定したときは，残額債権者は計算閉鎖の日以後の法定利息を請求することができる。当事者の特約によって，各項目を交互計算に組み入れた日より利息を付すことにしている場合も同様であり（533），この場合には，例外的に重利（民405）が認められる。

14-4　交互計算の終了

　交互計算は当事者間の信用に基礎を置く契約であるので，交互計算の存続期間が定められているか否かを問わず，各当事者はいつでも解除することができる（534 前段）。この場合には，直ちに計算を閉鎖して残額の支払を請求することができる（534 後段）。また，当事者の一方について破産手続が開始され（破59 I），または会社更生手続が開始されたとき（会社更生63，破59 I）には，交互計算は終了する。

　なお，交互計算期間が満了しても残額が確定するだけであり，当然に交互計算が終了するわけではない。

補論　有価証券

1　有価証券の意義

　有価証券は，目に見えない権利（たとえば，金銭の支払や物の引渡しを一定の者に対して求める権利）の流通性を高めるために，目に見えない（無形の）権利を紙に表章したものである。

　有価証券の定義については，議論があるが，議論の実益が大きくないので，本書では，財産的価値のある私権を表章する証券であって，権利の移転および行使のいずれにも証券を要するものであるとしておく。

　有価証券には，手形・小切手のほかに，商法・会社法上の有価証券として，株券（会社214以下），社債券（会社696以下），新株予約権証券（会社288以下），新株予約権付社債券（会社292），倉荷証券（601以下），船荷証券（757以下）がある。また，商品券，図書券，抵当証券等も有価証券である。

　しかし，ある法律関係の存否や内容について紛争が生じた場合に備えて発行される証券である証拠証券（各種の契約証書，金銭借用証書，受領証など），権利行使が頻繁な取引において，権利者が不特定・多数であり，債務者として権利者の識別が困難な場合に備えてあらかじめ発行しておいた証券と引換えに債務を履行すれば，たとえ相手方が無権利者であってもその履行責任を免れる効力が認められる証券である免責証券（手荷物預り証，下足札など）やその物自体に価値が与えられている金券（収入印紙，郵便切手），紙幣とは区別されなければならない。

　有価証券の所持人には一定の法的地位が認められ，実質的権利を立証することなく，所持人は権利を行使でき，かつ，有価証券に表章された権利の移転には証券を要するが，証拠証券，免責証券についてはそのようなことは認められ

補 論 有価証券

ない。また，有価証券上の権利の行使には，除権決定がなされた場合（株券の場合は株券喪失登録制度に基づいて失効した場合）を除き，有価証券の呈示が必要とされ，債務者は証券を所持しない者に対しては債務を履行する必要がない。また，株券などの例外を除き，債務者は有価証券と引換えに債務を履行すればよい。

2　有価証券の分類

2-1　権利者の指定方法による分類

(1) 記名証券

記名証券とは証券上に特定の者が権利者として記載されている証券をいい，記名証券は債権譲渡の方式（民467）によって，債権譲渡の効力をもって譲渡されるが，有価証券である以上，権利の移転には証券の交付も必要とされ，権利の行使には証券の呈示が必要である。記名証券には指図（裏書）が禁止された為替手形（手11Ⅱ），約束手形（手77Ⅰ①・11Ⅱ），記名式小切手（小14Ⅱ），船荷証券（762ただし書），倉荷証券（606ただし書）が含まれる。

(2) 指図証券

指図証券とは証券上に特定の者が権利者として記載されているが裏書によって譲渡できる証券をいい，約束手形（手77Ⅰ①・11Ⅰ），為替手形（手11Ⅰ），記名式または指図式小切手（小14Ⅰ），船荷証券（762），倉荷証券（606）は指図（裏書）が禁止されていなければ，裏書によって譲渡できる法律上当然の指図証券である。指図証券の裏書の方式・要件・白地式裏書の効力については手形法の規定が準用されているし（民520の3，手12・13・14Ⅱ），裏書の連続する証券の所持人は適法な所持人と推定される（民520の4，小19）。

(3) 無記名証券

無記名証券とは証券上に特定の者が権利者として記載されておらず，証券の所持人が権利を行使でき，証券の交付のみによって譲渡できる証券をいい，持参人（所持人）払証券といわれることもある。持参人払式の小切手（小5Ⅰ③）などがこれに属する。株券は記名式であるが，株券の交付のみによって譲渡で

きるので（会社128），無記名証券の性質を有する。なお，記名式所持人払証券（たとえば，「A 殿または持参人」）も無記名証券と同様に扱われる（民520の13から520の18・520の20参照，小5Ⅱ）。

2-2 証券の属性に基づく分類

(1) 文言証券と非文言証券

証券上の権利の内容が証券上の記載によって決定されるものを文言証券といい，それ以外の証券を非文言証券という。文言証券を取得しようとする者は，実質的な法律関係を調査しなくても予想外の損失を免れるため，その証券の流通性の確保が図られる。もっとも，非文言証券であっても（平成30年改正後の倉荷証券および船荷証券は文言証券性を有しないと解するほうが自然であるように思われる〔**11-1-3**(4)②参照〕），証券の記載が事実と異なることをもって善意の所持人に対抗することができないと法定されていることが少なくなく（604・760など），

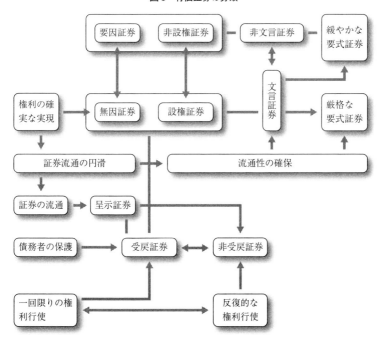

図1　有価証券の分類

これによって証券取得者が保護され，証券の流通性の確保が図られている。

(2) 無因証券と要因証券（有因証券）

証券上の法律関係がその証券作成の原因となった法律関係から切り離されており，原因となった法律関係の有無や消長によっては，証券上の権利が影響を受けないものを無因証券といい，それ以外の証券を要因証券という。無因証券を取得する者は，証券自体の有効性にのみ注目すればよいため，権利の確実な実現，証券の流通性の確保が図られる。なお，無因証券はすべて文言証券であるといえよう。

(3) 設権証券と非設権証券

設権証券は，証券の作成によって，証券に表章された権利がはじめて発生するという性質をもつのに対し，非設権証券は証券に表章される権利が証券作成とは別に証券作成以前に発生しているものである。設権証券は，文言証券とならざるをえない。

(4) 厳格な要式証券と緩やかな要式証券

記載すべき事項が法定されている証券を要式証券といい，商法・会社法に法定されている有価証券は要式証券である。これは，証券の流通を円滑に行うためには，証券の記載内容が明確であることが望ましいからである。しかし，約束手形や為替手形，小切手は記載すべき事項がすべて記載されていないと証券として無効になる厳格な要式証券であるのに対し，船荷証券などは，重要な事項が記載されていれば証券の有効性が認められる緩やかな要式証券である。

(5) 受戻証券と非受戻証券

債務者が証券と引換えでなければ，債務を履行しなくてもよいとされる証券を受戻証券といい，証券と引換えでなく債務者が債務を履行すべき有価証券を非受戻証券という。有価証券が原則として受戻証券とされるのは，そのようにしないと債務者が二重弁済の危険にさらされるからである。ただし，反復的に権利行使が予定されている株券は非受戻証券である。

3 有価証券の善意取得

無記名証券または記名式所持人払証券については譲渡人を権利者と善意・無

重過失で信じて証券の交付によって譲り受けた者（民520の15・520の20），指図証券については，裏書の連続する証券を譲渡人を権利者と善意・無重過失で信じて裏書によって譲り受けた者（民520の5）[1]は，それぞれ，譲渡人が実質的無権利者であっても，証券上の権利を取得できる（譲渡のその他の瑕疵を善意取得が治癒するかについては，手形についての議論があてはまる。弥永・手形法 PART Ⅱ *5-2-5* 参照）。

4 　有価証券の権利行使

　指図証券または無記名証券もしくは記名式所持人払証券の弁済は，債務者の現在の住所（営業所）ですることとされている（取立債務）（民520の8・520の18・520の20）。これは，これらの有価証券については，債務者の関知しないところで，債権の譲渡が行われるから，債務者が債権者のもとに持参して弁済することが困難だからである。

　また，指図証券または無記名証券もしくは記名式所持人払証券の債務者は，その履行について期限の定めがあるときでも，その期限の到来後に所持人がその証券を呈示して履行の請求をした時から，遅滞の責任を負う（民520の9・520の18・520の20）。これは，取立債務とされており，証券の呈示がなければ債務を履行しなくともよいこと（呈示証券性）に基づくものである。

5 　有価証券の喪失

　有価証券（株券を除く）を喪失した者は（民520の11・520の18・520の19Ⅱ・520の20），その証券に表示された義務履行地（表示されていないときはその有価証券により義務を負担する者が普通裁判籍を有する地〔普通裁判籍を有しないときはその者がその有価証券により義務を負担したときに普通裁判籍を有した地〕）を管轄する簡易裁判所に公示催告（申述がない場合には有価証券の無効宣言をする旨を示して，有価証券の所持人は，指定された期日までに権利を争う旨を裁判所に申述し，有価証

---

[1] 為替手形・約束手形については手形法16条2項・77条1項1号が，社債券については会社法689条2項が，それぞれ善意取得について規定している。

補　論　有価証券

を提出するように裁判所の掲示板に掲示し，かつ官報に掲載して催告すること。相当と認めるときは，さらに時事に関する事項を掲載する日刊新聞紙にも公告）を申し立てることができ（非訟114・115・102），権利を争う旨の申述の終期（公示催告を官報に掲載した日と権利を争う旨の申述の終期との間は最低2ヵ月）までに権利を争う旨の申述がない場合には，裁判所は申立人の申立てに基づき，除権決定を言い渡す。除権決定によって，有価証券上の権利と紙との結合が解かれ，その有価証券は無効とされ（非訟118 I），それ以降は，対象証券について善意取得されるおそれがなくなるとともに，申立人は，証券なくして証券上の権利を行使できることになる（非訟118 II）。

表1　船荷証券，倉荷証券，株券，手形の比較

	船荷証券	倉荷証券	約束手形・為替手形	株券
文言証券	× （760・604）*		○	×
要因証券 非設権証券	○		×	○
要式証券	緩やか（758・601）		厳格（手1）	緩やか(会社216)**
呈示証券	○		○（手38・77 I ③）	○（緩和）
受戻証券	○ （764・613）		○（手39・77 I ③）	×
法律上当然の指図証券	○ （762・606，手11・77 I ①）			× （会社128）
無記名式・持参人式	解釈上○（民520の18・520の20参照）		×	○
記名式	指図禁止により記名証券化			
処分証券 引渡証券	○ （761・763・605・607）			
公示催告手続 除権決定	利　用　可　能			株券失効制度
証券の再発行請求権	×	○ （608） （担保提供）	×	○（会社230 II） （失効制度）
公示催告申立人の供託請求権	○ （民520の12）			×
公示催告申立人の履行請求権	○ （民520の12）（担保提供）			×

　*　ただし，証券の記載が事実と異なることをもって善意の所持人に対抗することができない。
　**　会社法では記載事項が最小限のものとされており，厳格な要式証券であるという解釈も可能かもしれない。

さらに，金銭その他の物または有価証券の給付を目的とする有価証券の所持人は，その証券を喪失し，公示催告の申立てをしたときは，債務者に債務の目的物を供託させ，または相当の担保を提供してその証券の趣旨に従って履行させることができる（民520の12・520の18・520の19Ⅱ・520の20）。これは，公示催告を経てなされる除権決定を得るためには相当の期間を要するため，その間に債務者の資力が悪化したり，また目的物の相場が変動する可能性があるためである。債務の履行を求める際に担保提供が必要なのは，公示催告申立人が実質的権利者であるという保障がないので，債務者が二重弁済の危険にさらされるからである。

　倉荷証券については，船荷証券などに比べ長期間流通する可能性があり，寄託物の利用を可能にするため，公示催告手続を経ることなく，所持人は相当の担保を提供して証券の交付を倉庫営業者に対して請求することができることとされている（608）。

事項索引

あ　行

意思推定理論 …………………………………2
委託者と第三者との関係 …………………114
一般に公正妥当と認められる会計の慣行 …64
受取船荷証券 ………………………………137
受戻証券 ……………………………………174
　　　非── …………………………………174
売主の自助売却権 …………………………103
運　送 …………………………………14, 125
　　　相次── …………………………………142
運送取扱い
　　　下請── …………………………………122
　　　相次── …………………………………122
　　　到達地── ………………………………120
　　　部分── …………………………………122
運送取扱人
　　　──と荷受人との関係 ………………122
　　　──の意義 ………………………………119
　　　──の介入権 ……………………………121
　　　──の損害賠償責任 ……………………120
　　　──の報酬請求権 ………………………121
　　　──の留置権 ……………………………121
　　　中間── …………………………………122
　　　到達地── ………………………………119
運送人 ………………………………………125
　　　──の義務 ………………………………128
　　　──の供託・競売権 ……………………127
　　　──の権利 ………………………………125
　　　──の先取特権 …………………………127
　　　──の責任の特別消滅事由 ……………131
　　　──の損害賠償責任 ……………………129
　　　──の不法行為責任 ……………………133
　　　──の留置権 ……………………………127
　　　荷受人と──の関係 ……………………135
営業者の競業避止業務 ……………………164
営業所 …………………………………………68
　　　──としての実体 ………………………76
営業譲渡 ………………………………………48

営業譲渡人
　　　──の競業避止義務 ……………………51
　　　──の債権者の保護 ……………………56
　　　──の債務者の保護 ……………………60
営業的商行為 …………………………………13
営業能力 ………………………………………19
営業の賃貸借 …………………………………47
営業標 …………………………………………33
営利性 ………………………………………3, 5
営利の目的 ……………………………………17
送り状 ………………………………………125
　　　──交付請求権 …………………………125

か　行

外観主義 ………………………………………4
会計帳簿 …………………………………61, 62
買主の検査・通知義務 ……………………105
買主の保管・供託義務 ……………………106
確保的効力 ……………………………………26
加　工 …………………………………………13
貸金業者 ………………………………………15
株　券 ………………………………………176
企　業 …………………………………………1
企業法説 ………………………………………1
擬制商人 ………………………………………18
基本的商行為 …………………………………17
記名式所持人払証券 ………………………173
記名証券 ……………………………………172
客観的意義における営業 ……………………47
競業避止義務
　　　営業譲渡人の── ………………………51
　　　事業の譲渡会社の── …………………51
　　　支配人の── …………………………53, 73
　　　代理商の── …………………………54, 82
　　　取締役の── ……………………………55
　　　持分会社の業務執行社員の── ………54
供託競売権
　　　売主の── ………………………………103
　　　運送人の── ……………………………127

倉庫営業者の――	149
問屋の――	118
協同組合	22
金　券	171
銀行取引	15
倉荷証券	149
経営管理契約	48
経営の委任	47
形式的意義の商法	1
形式的審査主義	24
結約書交付義務	110
減価償却	63
公益法人	22
高価品	130
――の特則	130, 158
交互計算	167
――の終了	170
――の積極的効力	170
――不可分の原則	168
合資会社の有限責任社員	165
公示催告	175
公示主義	4
公団・公庫	22
公法人	21
顧客分別金	115
小商人	10
固有の商人	17

さ　行

詐害営業譲渡	59
詐害事業譲渡	59
作業の請負	14
指図証券	172, 175
法律上当然の――	172
事業の譲渡	48
事業の譲渡会社	
――の競業避止義務	51
――の債権者の保護	56
――の債務者の保護	60
資産の帳簿価額	63
事実たる商慣習	2
実質的意義の商法	1
支配人	

――と株式会社の代表取締役	74
――の意義	68
――の義務	73
――の競業避止義務	53, 73
――の権限と権利	73
――の精力分散防止義務	73
――の代理権	70
表見――	76
主観的意義における営業	47
受寄者の注意義務	101
準問屋	118
場屋営業者	153
――の責任	153
物品運送人，旅客運送人，倉庫営業者および――の責任の比較	152
場屋取引	14, 153
商慣習法	2
商業証券	12
商業使用人	68
商業帳簿	61
――の提出義務	65
――の保存	65
商業登記	23
――の一般的効力	26
――の消極的公示力	26
――の積極的公示力	27
商業登記簿	23
商　号	33
――使用権	35
――選定自由の原則	33
――専用権	35
――単一の原則	34
――の譲渡	39
――の登記	39
――の登記義務	39
――の廃止	40
――の変更	40
同一――・同一住所の登記排除	39
商行為	
――の委任	88
――の代理	86
――法主義	10
営業的――	13

事項索引

　　基本的―― ……………………17
　　絶対的―― ……………………11
　　附属的―― …………………11, 16
証拠証券 …………………………171
商事特別法 …………………………1
商事売買 …………………………103
乗車券 ……………………………143
商　人
　　――間の留置権 ………………93
　　――資格の取得 ………………19
　　――資格の喪失 ………………22
　　――法主義 ……………………10
　　擬制―― ………………………18
　　小―― …………………………10
　　固有の―― ……………………17
消費貸借の利息請求権 …………101
商　標 ……………………………33
商法上の留置権 …………………93
除権決定 …………………………176
請求権競合説 ……………………133
製　造 ……………………………13
正当の事由 ………………………27
設権証券 …………………………174
　　非―― ………………………174
絶対的商行為 ……………………11
絶対的定期行為 …………………104
先行的所有権移転 ………………116
先行的占有改定 …………………116
倉庫営業者 ………………………145
　　――の義務 …………………146
　　――の供託・競売権 ………149
　　――の権利 …………………148
　　――の先取特権 ……………149
　　――の責任の特別消滅原因 …147
　　――の損害賠償責任 ………147
　　――の留置権 ………………149
倉庫寄託契約 ……………………146
倉庫業 ……………………………15
倉庫証券控帳 ……………………150
創設的効力 ………………………28
相対的定期行為 …………………104
送付品保管義務 …………………99
双方的仲立契約 ……………109, 110

た　行

貸借対照表 …………………61, 62
代理商
　　――の意義 …………………81
　　――の義務 …………………82
　　――の競業避止義務 ……54, 82
　　――の権限 …………………83
　　――の留置権 ………………83
　　締約―― ………………16, 82
　　媒介―― ……………15, 82, 83
諾否の通知義務 …………………99
多数債務者間の連帯 ……………91
立替金の利息請求権 ……………100
短期消滅時効 ………122, 132, 148, 160
定期売買 …………………………104
締約代理商 …………………16, 82
店舗販売業者 ……………………18
問　屋 ……………………………112
　　――と委託者との関係 ……113
　　――と第三者との関係 ……114
　　――の意義 …………………112
　　――の一般債権者と委託者の関係 …114
　　――の介入権 ………………118
　　――の義務 …………………116
　　――の供託・競売権 ………118
　　――の権利 …………………117
　　――の指値遵守義務 ………116
　　――の履行担保責任 ………117
　　――の留置権 ………………117
登　記
　　商業―― ……………………23
　　商号の―― …………………39
　　不実――の効果 ……………29
登記官の審査権 …………………24
投機購買 …………………………11
登記事項 …………………………24
　　絶対的―― …………………24
　　相対的―― …………………24
投機貸借 …………………………13
投機売却 …………………………12
匿名組合 …………………………161
匿名組合員の権利 ………………163

181

取締役の競業避止義務 …………………55
取立不能のおそれのある債権 …………64
取引所 ……………………………………12
取戻権 ……………………………………116

な 行

名板貸 ……………………………………41
　　──と表見代理 ………………………45
　　──と不法行為 ………………………44
名板貸主の責任 …………………………44
仲立人 ……………………………15, 109
　　──日記帳 …………………………111
　　──の介入義務 ……………………111
　　──の義務 …………………………110
　　──の給付受領権限 ………………112
　　──の報酬請求権 …………………111
　　民事── ……………………15, 109
荷受人
　　──と運送人の関係 ………………135
　　運送取扱人と──との関係 ………122
荷渡指図書 ……………………………150
のれん ………………………………47, 64

は 行

媒介代理商 ………………………15, 82, 83
非顕名主義 ………………………………86
表見支配人 ………………………………76
表見代理
　　支配人と── ………………………70
　　商業登記と── ……………………27
　　名板貸と── ………………………45
不可抗力 ………………………………155
複合運送 ………………………………141
複合運送証券 …………………………137
負債の帳簿価額 …………………………64
不正競争防止法による保護 ……………38
附属的商行為 …………………………11, 16
普通取引約款 …………………………2, 5
物品販売店舗の使用人 …………………80
船積船荷証券 …………………………137
船荷証券 ………………………………136

分別管理 ………………………………115
包括的代理権 ……………………………71
報酬請求権 ……………………………100
補完的効力 ………………………………29
保険 ………………………………………15
保険相互会社 ……………………………22
保証人の連帯 ……………………………92

ま 行

未成年者 …………………………………19
見本保管義務 …………………………110
民事仲立人 ………………………15, 109
無因証券 ………………………………174
無記名証券 ……………………………175
免責証券 ………………………………171
免責的効力 ………………………………29
免責の特約 ……………………135, 156
持分会社の業務執行社員の競業避止義務 …54
文言証券 ………………………………173
　　非── ………………………………173

や 行

有価証券 ………………………………171
誘導法 ……………………………………61
要因証券 ………………………………174
　　厳格な── …………………………174
　　緩やかな── ………………………174

ら 行

理髪業 ……………………………………14
流質契約の許容 …………………………92
留置権
　　運送取扱人の── …………………121
　　商人間の── ………………………93
　　商法上の── ………………………93
　　倉庫営業者の── …………………149
　　代理商の── ………………………83
　　問屋の── …………………………117
レセプツム責任 ………………129, 155
労務の請負 ………………………………14

判 例 索 引

〈略　語〉
民録＝大審院民事判決録，**民（刑）集**＝〔大審院または最高裁判所〕民（刑）事判例集，**集民**＝最高裁判所裁判集 民事，**高民集**＝高等裁判所民事判例集，**下民集**＝下級裁判所民事裁判例集，**裁時**＝裁判所時報，**新聞**＝法律新聞，**全集**＝大審院判決全集，**判時**＝判例時報，**判タ**＝判例タイムズ，**金判**＝金融・商事判例，**金法**＝旬刊金融法務事情，**商事法務**＝旬刊商事法務

大審院

大判 明治 32・2・2 民録 5 輯 2 巻 6 頁 ………65
大判 明治 33・11・7 民録 6 輯 10 巻 42 頁 ……51
大判 明治 38・5・30 新聞 285 号 13 頁 ………89
大判 明治 41・10・12 民録 14 輯 994 頁 ……104
大判 明治 45・2・29 民録 18 輯 148 頁 ………91
大判 大正 2・10・20 民録 19 輯 910 頁………144
大判 大正 4・12・24 民録 21 輯 2182 頁
　〈2 事件〉………………………………………2
大判 大正 5・7・4 民録 22 輯 1314 頁 ………140
大判 大正 6・2・3 民録 23 輯 35 頁
　〈102 事件〉…………………………………143
大判 大正 7・4・29 民録 24 輯 785 頁 ………116
大判 大正 7・11・6 法律新聞 1502 号 22 頁 …52
大判 大正 10・6・10 民録 27 輯 1127 頁 ……104
大判 大正 11・10・25 民集 1 巻 616 頁………104
大決 大正 11・12・8 民集 1 巻 714 頁 ………33
大判 大正 12・12・1 刑集 2 巻 895 頁 ………115
大判 大正 13・6・6 新聞 2288 号 17 頁………119
大決 大正 13・6・13 民集 3 巻 280 頁…………34
大判 大正 14・11・28 民集 4 巻 670 頁 ………47
大判 大正 15・2・23 民集 5 巻 104 頁 ………133
大判 大正 15・12・16 民集 5 巻 841 頁 …………2
大判 昭和 2・4・22 民集 6 巻 203 頁…………127
大判 昭和 3・12・28 新聞 2946 号 9 頁………119
大判 昭和 4・9・28 民集 8 巻 769 頁
　〈33 事件〉……………………………………12
大判 昭和 5・4・28 新聞 3125 号 9 頁 ………127
大判 昭和 7・2・23 民集 11 巻 148 頁
　〈91 事件〉…………………………………140
大判 昭和 8・2・23 民集 12 巻 449 頁 ………150
大判 昭和 11・3・11 民集 15 巻 320 頁
　〈80 事件〉…………………………………168

大判 昭和 12・3・10 新聞 4118 号 9 頁 ………92
大判 昭和 12・11・26 民集 16 巻 1681 頁 ……14
大判 昭和 13・3・16 民集 17 巻 423 頁……91, 92
大判 昭和 13・8・1 民集 17 巻 1597 頁 ………90
大判 昭和 13・12・27 民集 17 巻 2848 頁
　〈91 事件〉…………………………………138
大判 昭和 14・12・17 民集 18 巻 1681 頁 ……92
大判 昭和 15・3・12 新聞 4556 号 7 頁 ………81
大判 昭和 15・7・17 民集 19 巻 1197 頁………16
大判 昭和 17・5・30 法学 12 巻 150 頁………129
大判 昭和 17・6・29 新聞 4787 号 13 頁 ……160
大判 昭和 17・9・8 新聞 4799 号 10 頁
　〈25 事件〉……………………………………65
大判 昭和 18・7・12 民集 22 巻 539 頁 ………13
大判 昭和 19・2・29 民集 23 巻 90 頁
　〈1 事件〉………………………………………2

最高裁判所

最判 昭和 28・10・9 民集 7 巻 10 号 1072 頁
　〈39 事件〉……………………………………99
最判 昭和 29・4・2 民集 8 巻 4 号 782 頁 ……72
最判 昭和 29・10・7 民集 8 巻 10 号 1795 頁
　………………………………………56, 57, 58, 59
最判 昭和 29・10・15 民集 8 巻 10 号 1898 号
　〈5 事件〉……………………………………26
最判 昭和 30・1・27 民集 9 巻 1 号 42 頁……126
最判 昭和 30・4・12 民集 9 巻 4 号 474 頁 …120
最判 昭和 30・9・29 民集 9 巻 10 号 1484 頁…16
最判 昭和 32・2・19 民集 11 巻 2 号 295 頁
　〈107 事件〉…………………………………149
最判 昭和 32・3・5 民集 11 巻 3 号 395 頁……78
最判 昭和 32・5・30 民集 11 巻 5 号 854 頁…112
最判 昭和 32・11・22 ジュリ 146 号 86 頁

183

〔集民 28 号 807 頁〕…………………………77
最判 昭和 33・2・21 民集 12 巻 2 号 282 頁 …42
最決 昭和 33・6・5 刑集 12 巻 9 号 1976…115
最判 昭和 33・6・19 民集 12 巻 10 号 1575 頁
　〈3 事件〉………………………………………20
最判 昭和 35・4・14 民集 14 巻 5 号 833 頁
　〈5 事件〉…………………………………26, 40
最判 昭和 35・12・2 民集 14 巻 13 号 2893 頁
　〈51 事件〉……………………………………106
最判 昭和 36・9・29 民集 15 巻 8 号 2256 頁
　〈13 事件〉……………………………………37
最判 昭和 36・10・13 民集 15 巻 9 号 2320 頁
　〈23 事件〉……………………………………58
最判 昭和 36・11・24 民集 15 巻 10 号 2536 頁
　〈34 事件〉……………………………………12
最判 昭和 36・12・5 民集 15 巻 11 号 2652 頁
　………………………………………………45
最判 昭和 37・5・1 民集 16 巻 5 号 1013 頁 …69
最判 昭和 37・5・1 民集 16 巻 5 号 1031 頁
　〈27 事件〉……………………………………77
最判 昭和 38・3・1 民集 17 巻 2 号 280 頁
　〈20 事件〉……………………………………56
最判 昭和 38・11・5 民集 17 巻 11 号 1510 頁
　………………………………………………133
最大判 昭和 40・9・22 民集 19 巻 6 号 1600 頁
　〈18 事件〉…………………………………49, 50
最判 昭和 41・1・27 民集 20 巻 1 号 111 頁
　〈15 事件〉……………………………………44
最判 昭和 42・4・20 民集 21 巻 3 号 697 頁 …72
最判 昭和 42・4・28 民集 21 巻 3 号 796 頁 …27
最判 昭和 42・6・6 判時 487 号 56 頁…………43
最判 昭和 42・11・17 判時 509 号 63 頁
　〈105 事件〉…………………………………147
最大判 昭和 43・4・24 民集 22 巻 4 号 1043 頁
　〈37 事件〉……………………………………86
最判 昭和 43・6・13 民集 22 巻 6 号 1171 頁
　〈16 事件〉……………………………………42
最判 昭和 43・7・11 民集 22 巻 7 号 1462 頁
　〈86 事件〉……………………………115, 116
最判 昭和 43・10・17 民集 22 巻 10 号 2204 頁
　…………………………………………70, 77
最判 昭和 43・11・1 民集 22 巻 12 号 2402 頁
　〈6 事件〉………………………………………26

最判 昭和 43・12・24 民集 22 巻 13 号 3334 頁
　〈11 事件〉……………………………………25
最大判 昭和 43・12・25 民集 22 巻 13 号 3548 頁
　………………………………………………97
最判 昭和 44・4・15 民集 23 巻 4 号 755 頁
　〈106 事件〉…………………………………139
最判 昭和 44・6・26 民集 23 巻 7 号 1264 頁
　〈41 事件〉…………………………………100
最判 昭和 44・8・29 判時 570 号 49 頁
　〈50 事件〉…………………………………104
最判 昭和 44・10・17 判時 575 号 71 頁………133
最判 昭和 45・3・27 判時 590 号 73 頁 ………77
最判 昭和 45・4・21 判時 593 号 87 頁
　〈98 事件〉…………………………………130
最判 昭和 47・1・25 判時 662 号 85 頁
　〈52 事件〉…………………………………106
最判 昭和 47・2・24 民集 26 巻 1 号 172 頁 …20
最判 昭和 47・3・2 民集 26 巻 2 号 183 頁
　〈22 事件〉………………………………56, 57
最判 昭和 47・6・15 民集 26 巻 5 号 984 頁
　〈9 事件〉………………………………………30
最判 昭和 48・10・5 判時 726 号 92 頁〔集民
　110 号 165 頁〕〈4 事件〉……………………22
最判 昭和 48・10・30 民集 27 巻 9 号 1258 頁
　〈38 事件〉……………………………………88
最判 昭和 49・3・22 民集 28 巻 2 号 368 頁
　〈7 事件〉………………………………………27
最判 昭和 50・6・27 判時 785 号 100 頁
　〈35 事件〉………………………………13, 15
最判 昭和 50・12・26 民集 29 巻 11 号 1890 頁
　………………………………………………100
最判 昭和 51・2・26 金法 784 号 33 頁 ………86
最判 昭和 52・12・23 民集 31 巻 7 号 1570 頁
　………………………………………………44
最判 昭和 52・12・23 判時 880 号 78 頁
　〈8 事件〉………………………………………27
最判 昭和 53・4・20 民集 32 巻 3 号 670 頁
　〈95 事件〉…………………………………130
最判 昭和 54・5・1 判時 931 号 112 頁
　〈29 事件〉………………………………72, 78
最判 昭和 55・7・15 判時 982 号 144 頁
　〈14 事件〉……………………………………44
最判 昭和 58・1・25 判時 1072 号 144 頁 ……45

判例索引

最判 昭和 63・1・26 金法 1196 号 26 頁
〈10 事件〉……………………………………30
最判 昭和 63・10・18 民集 42 巻 8 号 575 頁…98
最判 平成 2・2・22 商事法務 1209 号 49 頁
〔集民 159 号 169 頁〕〈33 事件〉…………79
最判 平成 5・3・25 民集 47 巻 4 号 3079 頁…126
最判 平成 7・11・30 民集 49 巻 9 号 2972 頁
〈17 事件〉……………………………………42
最判 平 10・4・14 民集 52 巻 3 号 813 頁
〈40 事件〉……………………………………91
最判 平成 10・4・30 判時 1646 号 162 頁
〈99 事件〉…………………………………134
最判 平成 10・7・14 民集 52 巻 5 号 1261 頁
〈47 事件〉……………………………………98
最判 平成 15・2・28 判時 1829 号 151 頁
〈108 事件〉…………………………………159
最判 平成 16・2・20 民集 58 巻 2 号 367 頁
〈21 事件〉……………………………………57
最判 平成 20・2・22 民集 62 巻 2 号 576 頁
〈36 事件〉…………………………………17, 18
最判 平成 20・6・10 裁時 1461 号 17 頁……57
最判 平成 20・7・18 刑集 62 巻 7 号 2101 頁…64
最判 平成 23・12・15 民集 65 巻 9 号 3511 頁
……………………………………………………97
最判 平成 24・10・12 民集 66 巻 10 号 3311 頁
……………………………………………………59
最判 平成 29・12・14 民集 71 巻 10 号 2184 頁
……………………………………………………95

高等裁判所

福岡高判 昭和 25・3・20 下民集 1 巻 3 号 371 頁
……………………………………………………80
福岡高判 昭和 29・8・2 下民集 5 巻 8 号 1226 頁
…………………………………………………147
東京高判 昭和 34・10・28 判時 214 号 29 頁…71
大阪高判 昭和 37・4・6 下民集 13 巻 4 号 653 頁
……………………………………………………43
東京高判 昭和 60・8・7 判タ 570 号 70 頁……79
東京高判 平成 5・12・24 判時 1491 号 135 頁
……………………………………………134, 135
東京高決 平成 6・2・7 判タ 875 号 281 頁……95
東京高判 平成 8・5・28 高民集 49 巻 2 号 17 頁
……………………………………………………95

東京高決 平成 10・6・12 金法 1540 号 65 頁…95
東京高決 平成 10・11・27 判時 1666 号 143 頁
……………………………………………………96
東京高決 平成 10・11・11 判時 1666 号 141 頁
……………………………………………………95
東京高決 平成 11・7・23 判時 1689 号 82 頁
〈46 事件〉………………………………95, 96
東京高判 平 14・5・29 判時 1796 号 95 頁 …154
東京高決 平成 16・12・22 金商 1210 号 9 頁
…………………………………………………154
知財高判 平成 19・6・13 判時 2036 号 117 頁
……………………………………………………37
東京高決 平成 22・7・26 金法 1906 号 75 頁…95
東京高決 平成 22・9・9 判タ 1338 号 266 頁…95
大阪高決 平成 23・6・7 金法 1931 号 93 頁…96
大阪高判 平成 28・10・13 金判 1512 号 8 頁…43

地方裁判所ほか

函館控判 明治 42・10・6 新聞 600 号 13 頁…146
広島区判 大正 8・12・15 新聞 1659 号 16 頁
…………………………………………………120
東京控判 昭和 2・5・28 新聞 2720 号 14 頁 …84
釧路区判 昭和 2・9・12 新聞 2743 号 6 頁 …131
東京地判 昭和 4・6・14 新聞 3013 号 17 頁 …157
大阪地判 昭和 30・3・8 判時 75 号 18 頁……130
名古屋地判 昭和 30・12・19 下民集 6 巻 12 号
2630 頁……………………………………150
東京地判 昭和 31・9・10 下民集 7 巻 2445 頁
……………………………………………………31
京都地判 昭和 32・12・11 下民集 8 巻 12 号
2302 頁………………………………………95
東京地判 昭和 39・5・30 判時 375 号 75 頁…120
東京地判 昭和 41・5・31 下民集 17 巻 5・6 号
435 頁………………………………………144
横浜地判 昭和 50・5・28 判タ 327 号 313 頁
……………………………………………………84
高知地判 昭和 51・4・12 判時 831 号 96 頁…156
東京地判 平成元・1・30 判時 1329 号 181 頁
……………………………………………156, 159
東京地判 平成元・4・20 判時 1337 号 129 頁
…………………………………………………131
神戸地判 平成 2・7・24 判時 1381 号 81 頁
……………………………………………130, 133, 134

185

福岡地判 平成 9・6・11 判時 1632 号 127 頁…95
宇都宮地判 平成 22・3・15 判タ 1324 号 231 頁
　……………………………………………… 57
東京地判 平成 23・1・20 判時 2111 号 48 頁
　……………………………………………… 106
東京地判 平成 27・10・2 判時 2231 号 120 頁
　……………………………………………… 57

著者紹介

昭和 36 年生まれ
筑波大学大学院ビジネス科学研究科教授

《主著》
企業会計法と時価主義（平成 8 年，日本評論社）
税効果会計（共著，平成 9 年，中央経済社）
デリバティブと企業会計法（平成 10 年，中央経済社）
商法計算規定と企業会計（平成 12 年，中央経済社）
会計監査人の責任の限定（平成 12 年，有斐閣）
監査人の外観的独立性（平成 14 年，商事法務）
「資本」の会計（平成 15 年，中央経済社）
企業会計と法（平成 7 年〔初版〕，平成 13 年〔改訂版〕，新世社）
会計基準と法（平成 25 年，中央経済社）
リーガルマインド会社法（平成 5 年〔初版〕，平成 27 年〔第 14 版〕，有斐閣）
リーガルマインド手形法・小切手法（平成 7 年〔初版〕，平成 30 年〔第 3 版〕，有斐閣）
法律学習マニュアル（平成 13 年〔初版〕，平成 28 年〔第 4 版〕，有斐閣）
コンメンタール会社法施行規則・電子公告規則（平成 19 年，平成 27 年〔第 2 版〕，商事法務）
コンメンタール会社計算規則・商法施行規則（平成 19 年〔初版〕，平成 29 年〔第 3 版〕，商事法務）

リーガルマインド 商法総則・商行為法〔第 3 版〕

平成 10 年 10 月 30 日	初　版第 1 刷発行
平成 13 年 9 月 30 日	補訂版第 1 刷発行
平成 18 年 4 月 10 日	第 2 版第 1 刷発行
平成 26 年 8 月 10 日	第 2 版補訂版第 1 刷発行
平成 31 年 3 月 20 日	第 3 版第 1 刷発行
令和 4 年 3 月 20 日	第 3 版第 4 刷発行

著　者　弥　永　真　生
　　　　　や　なが　まさ　お

発行者　江　草　貞　治

発行所　株式会社　有　斐　閣
　　　　郵便番号 101-0051
　　　　東京都千代田区神田神保町 2-17
　　　　http://www.yuhikaku.co.jp/

印刷・株式会社理想社／製本・大口製本印刷株式会社
©2019, Masao Yanaga. Printed in Japan
落丁・乱丁本はお取替えいたします。
★定価はカバーに表示してあります。
ISBN 978-4-641-13807-0

JCOPY　本書の無断複写（コピー）は，著作権法上での例外を除き，禁じられています。複写される場合は，そのつど事前に（一社）出版者著作権管理機構（電話03-5244-5088，FAX03-5244-5089，e-mail:info@jcopy.or.jp）の許諾を得てください。